浮生歲月

老驥伏櫪　話 11 屆同學會活動記實

復興崗 14 期第 11 屆同學會編

文　學　叢　刊
文史哲出版社印行

國家圖書館出版品預行編目資料

浮生歲月：老驥伏櫪　話 11 屆同學會活動記實
/ 復興崗 14 期第 11 屆同學會編. -- 初版 --
臺北市：文史哲出版社，民 113.09
頁； 公分. --（文學叢刊；483）
ISBN 978-986-314-684-1（平裝）

1. CST：國防大學政治作戰學院

525.833/101　　113013595

文學叢刊 483

浮生歲月

老驥伏櫪　話 11 屆同學會活動記實

編　者：復興崗 14 期第 11 屆同學會編
出版者：文史哲出版社
http:// www.lapen.com.tw
e-mail：lapentw@gmail.com
登記證字號：行政院新聞局版臺業字五三三七號
發行人：彭正雄
發行所：文史哲出版社
印刷者：文史哲出版社
臺北市羅斯福路一段七十二巷四號
郵政劃撥帳號：一六一八〇一七五
電話 886-2-23511028・傳真 886-2-23965656
定價新臺幣三八〇元

二〇二四年（民一一三）九月初版

ISBN 978-986-314-684-1　10483

正
14
期
同
學
會
戰
30
期
學
會
復興崗正14期同學會
政戰14期響應"救救~救國團活動
111.10.30.

政戰14期第三次歡敘於大和日本料理
111.11.23.

復興崗崗上兒女正14期
相會於八號音坊111.21.23.

政戰14期第三次小聚
111.11.23.台北八號音坊

復興崗正14期春節團拜歡唱
112.1.27

政戰14期第五次歡敘
111.12.23.

照片 3

復興崗正14期同學
第14期第十一屆同學會
慶祝復興崗71週年校慶
112.1.6. 第六次小聚

復興崗正14期同學會
復興崗正14期春節團拜小敘
112.1.27.

走過璀璨
復興崗正14期同學會
112.1.13.

復興崗校友總會陳裕中理事長
宴請各班期會長聯誼於孫立人官邸
113.01.08
復興崗校友會班期會長會議
中華民國復興崗校友會第四屆第三次
政治作戰學校校友會第十六屆第三次
復興崗正14期同學會
台北市一郎餐廳112.2.19.

榮獲牡丹王贈畫的幸運兒
112.2.15.

以畫會友於邢大師同學畫室小聚 112.2.3

第二次聯誼
112.6.28.

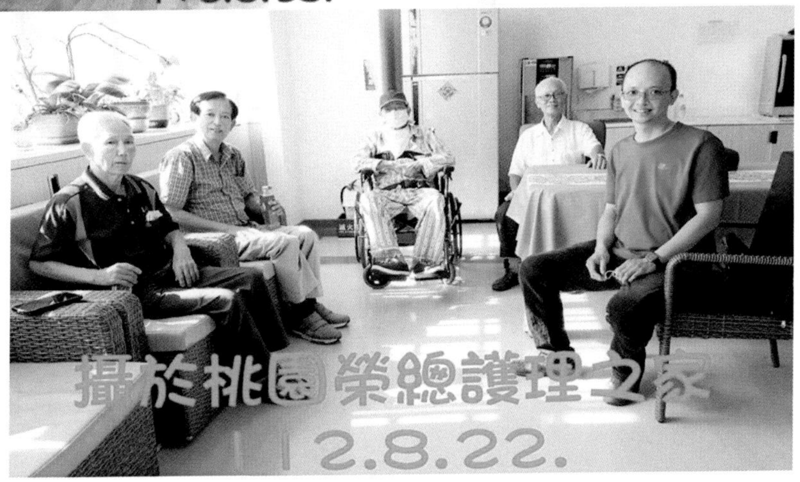
攝於桃園榮總護理之家
112.8.22.

政戰 14 期同學合影 112.10.29
政戰14期挺侯212.11.4.於台北市政府前

112/12/23於台北市凱道
挺侯勝選造勢活動

14 期同學於母校
新聞系前合影
113.1.5

政戰14期三月第二次歡唱
113.3.25.於舞悅天

政戰14期213年開春第一次歡唱
113.2.26.於舞悅天

政戰14期四月第一次歡唱
113.4.15.於舞悅天

政戰14期幹部會議於國軍英雄館
113.6.17.

政戰14期七月在鄭振學長府上歡唱
113.7.8.

政戰14期七月在鄭振學長府
2024 興建紫蓮育幼院
14 期同學現場贊助金合影 113.7.10
復興崗校友總會
復興崗正14期同學會
參加黃埔建校百年慶於凱道
2024.06.02

序 言

兩年會長即將卸任，心中如釋重負。首先要感謝第 11 屆服務團隊所有幹部及各教授班、各系連絡人，兩年來，任勞任怨辛勞的奉獻付出，使會務得以順利完成。

要感謝諸多同學不吝提供文稿，記實參與街頭示威遊行暨校友會各項活動。本期同學雖年近八十但均無役不予，忠黨愛國的表現不落人後，尤其曾冒雨參加在凱道廣場慶祝黃埔建軍百年活動，讓人感動不已。更要感謝江總連絡人潤滋各項活動的協調連絡、感謝校友會代表建鷗同學任勞任怨為大家爭取福利、服務團隊幹部出錢出力參加活動，盡謝不言中。

幹部會議中我建議將兩年來本期參加各項活動留下記實，並以《浮生歲月:老驥伏櫪　話 11 屆同學會活動記實》為書名，同學大會中將人手一冊，以茲記念。

本書編印由長松秘書長、宗鑑資訊長、蜀禧活動組長等蒐集文圖，如期付梓，特別致謝。

復興崗 14 期第 11 屆同學會
會長吳信義　2024.07.31

浮生歲月：老驥伏櫪　話 11 屆同學會活動記實

目　次

壹、政戰 14 期畢業 56 周年暨入伍一甲子聯誼會

一、聯誼會活動程序表

江潤滋

（日期：113 年 9 月 19 日　地點：台北市國軍英雄館）

時　間	活動內容	主持人	備　考
09:30-10:00	報到	接待組	
10:00-10:10	向往生同學 默念致意	司儀 江潤滋	
10:10-12:00	1. 主席致詞	會長 吳信義	
	2. 貴賓致詞	會長	
	3. 會務工作報告 財務工作報告	秘書長 樊長松 財務長 蕭錦宗	
	4. 主席結語	會長	
	5. 選舉新會長	會長	
	6. 新舊任會長 交接	會長	
	7. 新任會長致詞	新任會長	
	8. 團體攝影留念	司儀	先全體後班系

	9. 同學自由聯誼歡唱	邱麗霞	
12:00-14:00	聯誼餐會	司儀	餐後賦歸

二、第 11 屆同學會會務工作報告

祕書長樊長松

本（11）屆同學會服務團隊於民國 111 年 10 月 1 日接班成立以來即將兩年，服務團隊所有成員於成立當日（10 月 1 日），由會長信義同學以電子檔方式個別一一發送任期兩年聘書一紙正式就任即展開服務工作。

回顧近兩年來同學會各項會務的推展，在會長周全規畫、服務團隊通力合作下均能圓滿完成，非常感謝會長的帶領及服務團隊所有成員的無私付出。有關本屆會務的各項服務工作謹簡要報告如下，敬請卓參：

召開幹部會議

第 11 屆同學會成立以來，於 111 年 10 月 4 日、111 年 10 月 11 日、112 年 12 月 22 日、113 年 6 月 17 日共召開四次幹部會議商定服務事項。每次會議均邀請校友會代表建鷗同學蒞會指導，所有商定事項議定後，服務團隊均全力以赴，順利圓滿達成任務。

同學會活動

（一）111年10月30日於台北市凱道，參加救國團「風雨見真情——公義、自由、和平、救國」凱道大遊行，由會長吳信義領軍，參加者有江鴻洲、江潤滋、區偉國伉儷、郭年昆、高祖懷、王榮川伉儷、潘慶權、左其正、樊長松、邱麗霞、吳瓊南、史雲生、金夢石、金國樑、馮又新、萬道德、曾邦輔、楊卓耕、劉尊仙、吳恆宇、張瑞華、王蜀禧等同學。

（二）於112年1月6日於台北市音樂坊舉辦復興崗14期慶祝母校71週年之校慶聚會，該聚會由會長吳信義發起，參加同學及友人共19人，會長信義同學並準備了一個十吋蛋糕，為母校慶生。牡丹王大師萬齡同學慷慨捐畫，帶來了三幅大作，做為彩禮，供參加活動者摸彩祝興，難能可貴的是遠道從紐西蘭歸國的費鴻福同學得到大獎，鴻福同學於5天後（11日）就要飛回紐西蘭，今天特別過來跟同學相聚，並獲大獎，讓我們慶祝校慶的活動，劃下完美的句點。

（三）於112年6月18日在台北〔市政府廣場〕參加〔國民革命軍建軍暨黃埔建校迎百年〕的特展揭幕式活動，參加活動的同學有：張瑞華、談鴻保、江潤滋、吳哲嘉、左其正、李山栗、王蜀禧、陳文燦、楊卓耕、蕭錦宗、萬榕榕、陳嘉峻、厲光華、區偉國伉儷、邢萬齡、梅蕊芬、金世偉、金國樑、金夢石、郭年昆等21員。

（四）112年11月4日下午在台北市政府前廣場參加

「侯友宜總統暨立委台北市競選總部成立」誓師大會，由會長吳信義領軍，參加者有郭年昆、區偉國伉儷、金夢石等 16 位同學參加。

（五）112 年 12 月 23 日晚間配合復興崗校友總會參加國民黨在總統府前凱達格蘭大道舉辦「台灣平安 人民侯康」造勢晚會，由會長吳信義領軍，參加者有王漢國伉儷、黎興、王蜀禧、江潤滋、李山栗、樊長松等同學。

（六)113 年 1 月 5 日參加母校建校 72 周年校慶活動，參加同學有吳信義會長、劉建鷗、洪陸訓、黃錦璋、王蜀禧等同學，且洪陸訓同學榮獲終身成就獎與黃錦璋同學榮獲傑出校友獎。會後錦璋同學中午在北投"上享餐廳"設宴款待與會同學，信義會長並提供 1 瓶威仕忌與大家共享，佳餚美酒，賓主盡歡！

（七）113 年 2 月 22 日上午 10 時，在台北英雄館 7 樓凱旋廳舉行 113 年同學會春節團拜，到會同學、眷屬、遺眷共近 100 人。113 年的春節團拜活動，有復興崗校友會陳理事長裕中、軍人之友社簡祕書長士偉等貴賓的蒞會指導，陳理事長並致贈同學會加菜金 3000 元、簡祕書長致贈 21 年威士忌酒 2 瓶，使團拜活動增色不少。另副會長黎興同學自費致贈參與團拜的同學每戶茗茶禮盒 1 份、前會長陸訓同學提供金門高梁酒每桌 1 瓶（共 10 瓶)、梅萍同學夫婿胡琛學長致贈金門年節高梁酒 6 瓶、嵩懿同學致贈每桌 1 瓶佐酒花生等，更增添團拜活動的歡愉氣氛。

（八）113 年 6 月 2 日上午於台北市凱達格蘭大道，參加中華民國陸軍軍官學校校友總會集結三軍十三校校友會及友好社團所舉辦慶祝中華民國建軍暨黃埔建校百週年全民國防嘉年華活動，同學參與者計有會長吳信義等十三員，其中楊卓耕同學更準備水果、熱茶與同學共享，感謝他的熱心。

（九）113年7月13日於台北國軍英雄館參加復興崗校友會第五屆會員大會，參加的同學計有信義會長、建鷗、黎興、邱麗霞、江潤滋、張宗鑑、王蜀禧、萬榕榕、吳哲嘉、左其正、陳文燦等11位同學，其中建鷗同學為校友會代表。

（十）自111年10月19日起，服務團隊以卡拉ok聯誼方式辦理舞蹈教學活動，該活動這二年來在會長鼓勵下每月兩次從未間斷，並將舉辦活動時間、地點、活動內容按次都公布在同學群組中，歡迎同學們攜眷及邀約友人共同參與分享歡樂。迄113年8月止，共辦理46場次活動。自辦理以來，會長、兩位副會長、祕書長、活動組長等均從未缺席過，其中活動組組長蜀禧同學於每次活動後，有關活動內容均即撰文於臉書發表分享，留下美好的回憶。更難能可貴的是邢大師萬齡兄不僅從不缺席，且將其親筆揮毫的牡丹畫作致贈所有參加者以資鼓勵，此不僅倍增該活動的歡樂氣氛，亦達到意想不到的驚喜效果！

慰問、贊助事項

（一）慰問

1、111年10月 應仕冠同學。

2、111年11月李大同同學。

3、112 年 8 月沈遠蓬同學。

4、112 年 9 月趙華淼、王彥慧、梁忠民、馮又新等同學。

（二）贊助社團活動

1、112 年 1 月贊助八百壯士聯誼會餐費 10000 元。

2、112 年 1 月、3 月、113 年 6 月贊助校友總會餐費各 10000 元。

3、113 年 2 月贊助軍友社 2000 元。

（三）贊助同學會活動

1、113 年 2 月贊助同學會春節團拜摸彩金 10000 元。

2、111 年 12 月贊助影劇系、政三教授班同學聯誼活動各 2000 元。

3、、112 年 6 月贊助政一、二教授班及影劇系同學聯誼活動各 2000 元。

4、112 年 10 月贊助音樂系同學聯誼活動 2000 元。

5、112 年 11 月贊助政三教授班同學聯誼活動 2000 元。

6、112 年 12 月贊助美術系同學聯誼活動 2000 元。

編印浮生歲月「老驥伏櫪：話 11 屆同學會活動記實」專輯，贈送與會同學人手一冊

該專輯除蒐集編撰整理兩年來同學會各項活動內容記實、照片外，並由服務團隊幹部率先為文，也請教授班連絡人負責邀稿，保留這（11）屆同學會的美好回憶與記錄，特編印此專輯供同學參閱，並作記念。編印此專輯除由會

長吳信義同學自費贊助外，並承蒙金龍頌好友尹虹湄女士主動資注壹萬元助印，謹致上感謝。

三、第 11 屆同學會財務報告

蕭錦宗

	日　期	項　目	收　入	支　出	備　　註
1	111.09.26	第 10 屆 移交款	182273		含代收會費 70000 元
2	111.09.26	會費	3000		樊長松 2000 元； 15768018533 壹仟元
3	111.09.27	會費	3000		李錦竹、趙中生、 胡崇光
4	111.09.29	會費	2000		吳萬程、傅一秀
5	111.09.30	會費	1000		許芳雄
6	111.10.03	會費	3000		應仕冠、萬道德、 陳朝吉
7	111.10.03	會費、捐款	2000		區偉國
8	111.10.19	會費	6000		梁立凱、張清民、 張復興、陳文燦、 費育民、陳嘉峻
9	111.10.19	捐款	6000		潘慶權、江鴻洲、 邱麗霞
10	111.10.19	慰問金		2000	應仕冠住院
11	111.10.31	會費	3000		張瑞華、馮又新、 劉弘忠
12	111.11.22	慰問金		2030	李大同(含電匯手續費)
13	111.11.25	會費	2000		洪陸訓、尹玉珍
14	111.11.25	會費、捐款	3000		費鴻福
15	111.11.25	訂購花籃		1515	丘湘昌
16	111.11.29	奠儀		1000	丘湘昌
17	111.12.02	聯誼補 助款		4000	影劇系、政三教授班
18	111.12.12	會費	1000		林博
19	111.11.18	會費、捐款	2000		王禾平
20	111.12.21	利息	5		
21	112.01.19	會餐費		10000	校友總會
22	112.01.19	會費	1000		黃敬獻
23	112.02.26	張宗鑑 墊　款		2015	含電匯手續費
24	112.03.01	會費	2000		趙華淼、洪文學

25	112.03.01	聯誼餐費		10015	八百壯士聯誼會
26	112.03.02	會費	1000		林博
27	112.03.13	校友總會		10015	會餐費
28	113.04.15	會費捐款	2000		林正秋
29	112.04.15	花籃		2015	江武男
30	112.06.15	聯誼補助款，誤餐費		9400	政一二教授班，影劇系，及江潤滋退誤餐費600元
31	112.06.21	利息	9		
32	112.06.24	會費	3000		林威國、蓋牧群、蕭錦宗
33	112.07.19	會費	1000		李明祥
34	112.08.16	慰問金		2015	沈遠蓬住院
35	112.08.21	會費、捐款	2000		沈遠蓬
36	112.09.08	住院慰問金		4000	趙華淼、梁忠民
37	112.09.19	會費	1000		黃光勳
38	112.09.27	住院慰問金		2000	馮又新
39	112.10.20	聯誼補助款		2000	音樂系
40	112.11.22	聯誼補助款		2000	政三教授班
41	112.12.19	聯誼補助款		2000	美術系
42	112.12.22	幹部會議		8300	會餐費，服務費
43	112.12.22	精神布置		2000	春節團拜
44	113.02.07	春節聯誼摸彩金		10000	
45	113.02.07	軍友社		2000	
46	113.03.05	春節聯誼結餘	24850		含會費
47	113.06.17	幹部會議		3000	
48	113.06.17	校友總會		10000	
49	113.06.21	利息	8		
		合　計	**257154**	**103320**	
		結餘款	**153834**		

貳、第 11 屆同學會服務團隊工作感懷及隨筆

感恩的心

劉建鷗

「感恩的心，感謝有你」……令人動容的音樂響起，往事一幕幕，一點點，一滴滴……一切映入眼簾，揭開感恩的序幕……

雖然諺語說：「天地日月，山川草木」皆有靈性，但是耄耋之年的我們，更是配合天道運行……達到易經的「天行健君子以自強不息」，人人不但有靈性，而且還富有感性……

聽聞了 11 屆的服務團隊舉辦活動時，吳信義會長，黎興副會長、邱麗霞副會長、樊長松秘書長、大畫家邢萬齡同學，他們為了節省公帑以及讓庚續的會長可以靈活運用經費，經常出錢又出力

資訊長張宗鑑，精心製作海報；總聯絡人江潤滋，熱心召集所有的同學，齊心齊德參與各項活動；活動組長王

蜀禧，勤於筆耕，將活動情況，即時報導；各班聯絡人：萬榕榕、吳哲嘉、江鴻洲、左其正、張復興、董樹雲、陳嘉峻、王夢龍、張嵩懿、陳文燦、黎興(兼聯絡人)等等……更是努力聯絡同學，認真執行命令，犧牲奉獻，任勞任怨，只要發現同學們身體違和，立刻為同學們服務，11 屆的服務團隊精神可圈可點，令人敬重，令人佩服！

中央軍校為慶祝（黃埔建軍）百年，舉辦許多項目的聚會，我們 14 期躬逢盛會，在吳信義會長號召之下，彼此響應著，不畏風雨寒冷，不懼事情艱難，不怕路途遙遠……仍然在風雨中東奔西走，南來北往，真是驚動天地，在風雨中生信心……聆聽樂曲，漸漸接近尾聲「感恩的心，感謝有你，花開花落一樣會珍惜」……同時道出我們大家的心聲……的確，感謝有你！

耄耋人生感言

黎 興

我於民國113年7月13日參加復興崗校友會第五屆第一次會員代表大會，會議結束按期別排桌次聚餐，期別越高的桌次離舞台越近，我們14期已算是前段班了。

我回首向後望去，嚇了我一跳，後面桌子的學弟妹們，也都已髮蒼蒼、視茫茫的老先生老太太了，頓時百感交集，對坐在旁邊的會長同學信義兄說：看看這些學弟妹們……我們更老了！！（都已到了耄耋之年，能不老嗎？）既然人生的末班車已即將到站，何不用最好的心態，面對每天轉瞬即逝的日子，珍惜目前活著的時時刻刻，給自己的人生留下鳳毛麟角的美麗精彩片刻華麗轉身，優雅到老呢？

其實在 10 年前我就給自己安排了長期必修的八堂課程，現提供給同學們參考並與同學們共勉之！

第一堂課：紓解心情的課程～唱歌。

第二堂課：肢體語言的課程～跳舞。

第三堂課：敏捷訓練的課程～打球如桌球等。

第四堂課：健身健康的課程～如上健身房等。

第五堂課：智慧靈修的課程～閱讀。

第六堂課：增廣見聞的課程～旅遊。

第七堂課：口齒留香的課程～聚餐。

第八堂課：腦力激盪的課程～如打牌(麻將十三張)。

以下是給「智慧靈修」課程自我鞭策的三首對聯：

第一首：

上聯：「時時身懷善念心」

下聯：「刻刻勿忘慈悲情」

橫批：「阿彌陀佛」。

第二首：

上聯：「大肚能容了卻人間多少事」

下聯：「滿腔歡喜笑開天下古今愁」

橫批：「皆大歡喜」。

第三首：

上聯：「平安健康快樂過每一天」

下聯：「就是人生中最好的福氣」

橫批：「珍惜生命」。

以下是給「口齒留香」「增廣見聞」課程的對聯。

上聯：「吃遍各國美食享受口齒留香」

下聯：「遨遊五湖四海欣賞世界風光」

橫批：「縱橫寰宇」。

最後是「腦力激盪」——（十三張麻將）課程的感想與看法，請大家指正。

讓我們好好享受十三張麻將的精彩人生吧！保證不會得老人癡呆及失憶症。（因為打十三張麻將是防止老人癡呆及失憶症的最佳良藥）

小弟不才，願意免費傳授國寶級的13張麻將，以免國粹失傳，為優良傳統文化略盡國民應盡之義務，學會以後，保證如獲至寶，愛不釋手，不枉此生矣！！其實13張麻將的意涵已入化境並達藝術的巔峰，美到無法形容，非身歷其境，無法形容也！哈哈哈~〔享受打13張麻將的精彩人生〕開麥拉……不是天馬行空的幻想家，而是實際操作的總舵手，你可以把一副壞牌化成一副好牌，你可以把一堆雜草變成朵朵鮮花，化腐朽為神奇，讓不可能變為可能，歷經千百次的挫折失敗，也可在最後一戰扭轉乾坤，擊出“滿貫全壘打”反敗為勝！從四個人坐上麻將桌那一刻，就開始了精彩的人生……可以自我策封最高頂級的頭銜，每個人都是AI，你可以化身為公司的董事長、總經理、CEO（執行長）你可以是部隊的總司令，可以是NBA籃球總教練、棒球總教練。也可以是房屋建築師、服裝設計師、米其林級的大廚師、影視界的大導演……（可以滿足在實際人生中從沒當過的頭銜）麻將13張牌就如同13名演員、13名球員、也可以是公司的13名主管、部隊的13名將軍……。導演、教練、董事長、總經理或總司令負責運作調度指揮作戰……。

從今天開始，讓我們暫時忘記人生的一切挫折與煩惱……在13張麻將的領域與歡樂聲中，享受一下當董事長、總經理、房屋建築師、服裝設計師、米其林大廚師、影視界大導演的癮吧，安然快樂的渡過美好的餘生！

從社區志工邁向市政顧問

江鴻洲

解嚴後台灣社會走向多元文化，民主的浪潮，推動人民結社的自由，各種社團因應而生，社團幹部的培訓，為當務之急。

我退伍後住在神岡鄉下，村長為建構公民社會之願景，積極發展在地文化之社團，以落實關懷社區之長者、弱者，然在長期戒嚴下生活的居民，大多對社團的成立敬而遠之，不敢碰，不願接觸。而我們村長，對我這名退伍老兵，相當尊重禮遇，多次造訪請託，要我擔任社區發展之顧問，從此我與志工結下了近卅年的工作之緣。

所謂志工就是自願工作者，不求名分，不求報酬，無條件奉獻心力，為社團為群眾服務，從村里愛鄉守護者到社團的負責人，不同階段扮演不同的角色，但所有的任務，就是在別人需要的時候，看到自己的責任，以助人為樂，服務為榮的信念，在社團中默默耕耘，無私無我的持續參與，讓所參加的社團都能和諧團結，永續發展而壯大，僅就個人參加志工心得分享如下：

1.神岡鄉北庄村鐵馬隊成立策劃者。

2.擔任神岡鄉農會生活改善班班長。

3.神岡鄉退伍軍人區會總幹事、副會長、會長。

4.台中南屯區溝墘里社區發展協會總顧問，關懷據點策劃人。

5.黃國安黨部委員、黃安志黨部指導員。

6.台中縣退伍軍人協會理事、常務理事、理事長。

7.台中縣政戰校友聯誼會副會長、縣市合併後101年校慶正式奉市政府核定為「台中市國防大學復興崗校友會」創會理事長。

8.神岡里關懷據點長照站志工隊隊長、發展協會理事。

9.弘光科大長青學苑志工隊活動組長。

10.衛福部培訓第一期延緩失能失智指導員，關懷據點之講師。

11.台中市青荷總會組發會主任委員。

12.台中市山海屯競選總部副總幹事兼退伍軍人動員組長。

13.台中市政府市政顧問。

也許因緣聚會或個性使然，迄今每週一、二、三、四、六都有固定參與上課或志工或講師之任務，同學們或許會懷疑我真的負荷得了嗎?天天都那麼累為啥?為了健康為了快樂。活到老學到老，也許沒有學到很多學問技能，但是能走出去總是比窩在家好。同學們衡量自己的能力，擔負起相當的責任，讓我們年老了還能發光發熱，為長者需要者服務，那是最大的福報喔！

歲月更迭感懷

邱麗霞

時光飛逝，
七月的最後一天悄然而至。
在這個炎熱的夏季，
我們度過了許多難忘的時刻。
無論是歡笑還是淚水，
每一份記憶都在我們心中留下了深刻的印記。

七月是奮鬥的月份，
也是收穫的季節。
在這個月份裡，
我們勇敢地追逐夢想，
不斷地努力，
不論遇到多少挑戰與困難，
我們都以積極的態度面對。
今天，
站在七月的尾巴上，
回望過去的點點滴滴，
我們可以自豪地說：「我們沒有辜負自己。」

但結束意味着新的開始。

七月的最後一天是一個總結，
也是一個展望。
在這一天裡，
我們不僅要感謝過去的努力與付出，
更要為即將到來的八月做好準備。
新的目標，
新的希望，
新的挑戰，
都在前方等待着我們。

讓我們用一顆感恩的心告別七月，
用滿懷期待的心迎接八月。
願我們在新的月份裡，
繼續保持積極向上的態度，
繼續追逐我們的夢想，
迎接屬於我們的光輝時刻。

七月，再見！
八月，你好！

參與同學會服務團隊多年的心靈感受

邱麗霞

生命的豐盈緣於我們心的無私，
生活的美好緣於擁有一顆平常心。
人生路不必雕琢，
只要踏踏實實做事，
簡簡單單做人。
你的人生一定會無比精彩　。

你若想被愛，
就要先去愛人；

你期望被人關心，
就要先去關心別人；

你要想別人對你好，
就要先對別人好。

這是一個保證有效的秘方，
可以適用在任何情況。

如果你希望交到真心的朋友，

你就必須先對朋友真心，
然後你會發現朋友也開始對你真心；

如果你希望快樂，
那就去帶給別人快樂，
不久你就會發現自己愈來愈快樂。

我們所能為自己做的最好的事情，
就是去為他人多做點好事。

人的一生，
註定要經歷很多。
路上，
可能有朗朗的笑聲；
路上，
可能有委屈的淚水；
路上，
有成功的自信；
路上，
有失敗的警醒，
每一段經歷註定珍貴。

任第 11 屆同學會祕書長工作感言

樊長松

我們同學會於民國 111 年 9 月推舉信義同學為第 11 屆同學會會長，他即電邀我出任同學會祕書長一職，我惟恐能力不足予以婉拒，然因與信義在校四年同隊、同教授班，且於四年級下學期他任自治連長，我任副自治連長一起共事半年，情誼自是不同，經其力邀只好厚顏接任。所幸其另邀有富經驗與能力的黎興、鴻洲、麗霞等同學擔任副會長、潤之任總聯絡人、宗鑑任資訊長、蜀禧任活動組長、錦宗任財務長及其他多位同學擔任各教授班、各系所的聯絡人，共組實力堅強的服務團隊，我才放下一顆忐忑的心安然接受祕書長一職。

時間真快，兩年祕書長工作一晃而過，感觸良多，有關工作感言茲分享如后：

1、祕書長一職為承會長之命綜理會務，本應替會長分憂解勞，然信義會長因曾任學校隊職幹部及民間社團負責人多年，對各項會務工作駕輕就熟，致對同學會會務的的推展、規畫、思慮等完備周全，讓我們服務團隊輕鬆許多。二年來，我們服務團隊在各項會務之推展，只需盡心據會長之規畫依樣畫葫蘆，即可輕鬆完成任務，我們服務團隊成員對會長的付出均由衷佩服、銘記於心。

2、初受命後即接獲信義會長告知，歷屆同學會所編印未發完的會刊等書籍，每屆均由祕書長負責典藏保管於家中，囑咐我預作準備。由於為數不少，況我陋室之居何能典藏保存這些書刊？讓我困擾不已。因之，思及前於立法院服務時，每屆所編印的「立法委員名鑑」，凡有未發完剩餘之名鑑，均移由院內圖書館典藏之例，當下建議信義會長不妨將這些書刊全數捐贈母校圖書館典藏，除可供校內師生借閱參考之用外，並解決同學會典藏保管之責。會長對此之建議當即採納並委請建鷗同學洽由母校參處。詎料母校慨然應允，並派員、派車將所有書刊全數移由母校圖書館典藏，除解決多年來困擾同學會的一個難題，也使母校圖書館典藏著我們同學們的活動實錄，真是兩全其美的作法，非常感謝建鷗同學的鼎力協助。

3、信義會長對同學的建言向極重視，記得在 111 年 10 月召開本（11）屆服務團隊第 1 次幹部會議時，會長提到有同學建議續辦舞蹈班一事。後於 111 年 10 月 11 日為前揭一事，特召開本屆服務團隊第 2 次幹部會議專案討論，會議結論以（1）同學年歲已高限於體力、興趣，意願可能不高。（2）場地、師資諸費用需自行處理。（3）基上可能參加人數不多。故續辦舞蹈班一事暫不宜辦理，但決議由服務團隊以辦理不定時卡拉 ok 聯誼方式辦理舞蹈教學與活動。該活動這二年來在會長堅持下每月兩次從未間斷，並將舉辦活動時間、地點、活動內容按次都公布在同學群組中，歡迎同學們攜眷及邀約友人共同參與分享歡樂。這二年來，會長、兩位副會長、活動組長及我均從未缺席過，更難能可貴的是邢大師萬齡兄不僅從不缺席，且將其親筆揮毫的牡丹畫作致贈所有參加者以資鼓勵，此不僅倍增該活動的歡樂氣氛，亦達到意想不到的驚喜效果！另一個是我們 14 期之友楊凱銘不僅從不缺席且為我們歡唱聚會勞心勞力提供各項服務，讓人窩心不已。

總之，二年的同學會祕書長任期，很汗顏毫無建樹的一晃而過，不過非常感謝會長的卓越領導、及所有服務團隊成員的無私付出，讓我學習很多，對大家我謹表由衷的感謝！

憶良人

張宗鑑

一、緣　起

親友們一致讚嘆:「李宗賜理事長溫文儒雅,是個儒將;謙謙君子的風範,更是令人景仰;真是感嘆哲人早逝……。」均感哀慟至極。

夫君一直以來大力支持「公益事業」,成立「家鄉同鄉會」、「擔任海軍官校40年班同鄉會會長」……慘澹經營、粉膏繼晷、大力解囊……;所有的成就,夫君均不居其功,並推崇全體會員及服務團隊的戮力經營。

民國109年10月10日至至17日適逢家鄉訪問團返鄉參訪，我也隨行，鄉親瞭解實況後，於啜泣中期盼我寫下夫君行誼,道出大家對先生的景仰與不捨,同時以為悼念。我壓抑著內心的哀傷，泣書於後：

二、嘉禾理事長李宗賜先生行誼

籍貫：1928年10月22日，出生在湖南省嘉禾縣

學歷：・海軍官校暨海軍指揮參謀大學畢業

・美國、英國、暨法國海事專業訓練卒業

經歷：・海軍艦隊輪機官、航海官、槍砲官、副長、艦長、戰隊長。

- 海軍官校中隊長
- 海軍總部計畫署主官
- 閩海支隊及中美同盟作戰中心情報官
- 美國泛大西洋航運公司及英國美孚航運公司船長

事蹟簡述：

- 少壯之年，投身海軍，報效國家；
- 中年以後，從事國際航運；披星戴月，浪跡天涯。

特殊行誼：

1946 年旅遊河南黃汎區廿餘縣市，感念河洛文化歷煉了天災人禍孕育出偉大的中華文化，也曾幾度探訪黃河缺堤後的花園口堵口工程，運用國外的現代工程方法無能為力，最後改用中國古老傳承的柳條爛泥漿施工才能完成，感到中國古代的水利工程仍有其獨到的功效。

在民運航空事業尚未開展的 1950 年代，搭乘美國海軍的螺旋槳運輸機經菲律賓、威克島、瓜吉林、關島、中途島、夏威夷橫渡太平洋到達美國本土，親身看到美國經營太平洋各島嶼的旺盛企圖，尤其是在聖地亞哥觀賞美國從未對外展示的阿拉斯加四時景物變化，北極冰帽下的潛浮，南極冰地的長期探測紀錄片，諳識美國人對地球科學及太空探測的方面的用心和努力。

在海軍服役期間，航行浙閩粵沿海地帶，仔細觀察附近島嶼形勢，尤其是走遍南沙群島中每一小島，看到美國人在那兒設衛星觀測站，菲律賓和越南人在那兒的窺伺覬覦，侵犯我們的南疆海域，內心湧起了無限的感慨。

在海軍總部期間，參與國軍建軍計畫及動員計畫，曾數度以海軍代表身份赴美簽字接收艦艇及監理後續修護，並留駐當地協調安排我海軍接艦官兵前往接收訓練及回國事宜，同時利用機會，密切接觸當地僑民，宣揚政府德威。

在美國及英國公司擔任船長期間，縱橫各大洋，深入地中海、紅海、黑海、波斯灣、墨西哥灣……，足跡踏遍了全世界各地的名勝風景，體悟各國政經大勢及民俗風情，尤其是賞看了法國羅浮宮地下陳列館中——古埃及的大量木乃伊和古希臘神殿的楹柱，英國國家博物館的中國新出土馬王堆文物，葡萄牙修道院的唐代郭子儀府邸立體模型，美國舊金山中華會館的李鴻章題字：「中流砥柱，華國文章」……留下了難以忘懷的印象。

家庭簡介：

- 內眷張宗鑑女士是本期影劇系同學。
- 兒子、媳婦、女兒、女婿均學有所專，獲博、碩士學位。
- 2009 年被選為臺北市松山區幸福家庭代表。
- 2019 年其夫人當選「模範母親」。

三、結 語

宗賜理事長庭訓甚嚴，一家人父慈子孝、幸福美滿；平日要求子女努力向上求學外，還要求「堂堂正正做人、規規矩矩做事」；以期：「仰不愧於天、俯不怍於人」；並自己以身示範，孩子們也都做到了，足堪告慰在天之靈。緬懷過往，不勝唏噓的感嘆著：「哲人日已遠，典型在夙昔。」宗賜理事長的行誼，留給孩子們最佳典範與見證。

四、永懷夫君～我鍾愛一生的宗賜大哥

我們緣起於民國 54 年春節，您來到我住的眷村相親，您被我一聲甜美的「李大哥」給吸引，後來我問您：為什麼您會選中我？您說：看到我的襯衫上有一塊醬油痕跡，想必會是個賢妻良母。就這樣結下一世情緣。

您在我心中是「亦師、亦父、亦友、亦丈夫」，您像老師一樣的教導我；像父親一樣的疼愛我；像朋友一樣的尊重我；結論卻是一個完美無缺的好丈夫，您給我一個溫暖安逸的家，給我一群優秀的兒孫；您是家中穩固的支柱，辛苦您了，讓我深深一鞠躬，再次感謝您為我所做的一切。孩子們也非常感念您的教養之恩，紛紛相約來世再續父子情緣，只是角色互換，孩子們爭相要養育您，以報答您今世的恩情。

我想您現在已經找到了您朝思暮想的父母，您們一起回到天家，回到主的懷抱，雖然沒有我塵俗的照顧，但是因為「主愛充滿」您會更快樂。我們曾經許下了七世夫妻的承諾，我會信守承諾，我們今世塵緣雖已盡但是情未了。讓我再一次的說聲謝謝您，我愛您。

永遠愛您的妻子宗鑑叩首
2024.08.08 吉時

三隻螞蚱的故事：憶第 7 屆同學會往事

江潤滋

在校時，政二教授班張瑞華、談鴻保跟我原本我們三人各有各的親密戰友生活小圈圈，老實說在當時我們並不麻吉鮮少往來；沒想到畢業後四、五十年因緣際會在第七屆同學會成軍時，由於會長勝隆兄係同班同學很榮幸我們被圈選進服務團隊，瑞華兄北區副會長、我爲北區副秘書長、鴻保兄北區聯絡人。

說實在的在當時所有的會務活動中十之八九幾乎都集中在大台北地區，蔡會長人在高雄雖然經常出錢出力配合活動南北奔波，但終究人非鐵打總不能三天兩頭往台北跑吧？況且會長私下個人事業龐大，亦需認真打理戮力經營委實分身乏術。因此台北不少活動小至同學住院慰問大至配合總會協辦地方首長選舉造勢活動任務，很自然的便落在我們三人身上，聰明的瑞華兄北區副會長真行想出了一記綁住我們務必團結合作全力以赴的妙招口號：我們是拴在一起的三隻螞蚱（北方人對蚱蜢的稱呼）事情來了誰也躲不掉責無旁貸必須肩負起來休戚與共否則只有讓別人看笑話的份兒。

成果硬是辛苦努力的經驗累積，當然我們也曾經遭遇過以熱面龐碰到人家冷屁股心灰意冷時刻；幸虧副會長瑞華兄平時爲人四海人脈寬廣得道多助，諸如女中豪傑建鷗同學歷屆同學會裡永遠的高級顧問、牛肉麵會中的菁英同學組群、士林會館趙前會長趙老師指導下的一群舞林高手，有了這幫子能人高手登高一呼從旁協助，的確阻力壓力減少了信心增加了剩下只是體力汗水愛心的付出，從此工作推行順遂許多，當然耳邊掌聲也愈來愈多！

要知道三隻螞蚱中，瑞華兄的確是天生領導人才，行事風格嚴謹遇事頭腦冷靜思維縝密計劃決策明確週延，凡事必定現場勘查模擬再三務必要求做到零缺點，簡直有點令人感到幾近龜毛的地步。但是任務完成後確實完美無缺令人激賞；鴻保、潤滋我們只是熱情配合完美演出而已，乏善可陳。

我們感激有了這次因緣際會，湊成了三隻螞蚱拴在一起合作無間爲同學們服務的機會，相信我們每個人也從中學到了諸多人生寶貴經驗。我們感恩惜福知福，這三隻螞蚱的故事直到目前並沒有結束仍然還在持續中，將陪伴我們共老直到永遠……

可貴同學情誼

王蜀禧

14 期同學會信義會長代表同學在情人節到桃園慰問有恙的同學，接到我後，映崑同學驅車至果菜市場，會長自掏腰包買了一箱紐西蘭蘋果，祝福身體違和的好同學都能平平安安的早日康復！

我們首先去探望王彥慧同學，不在家，鄰居說他兒子早上有回來，載他去洗腎了，會長與錦璋同學留下了名片，晚上，映崑同學又再去探望，將會長與同學們的心意與蘋果送達；然後，我們先到映崑同學家小憩，飲茶，映崑同學特別去大溪買最有名最好吃的豆腐乳和他醃漬的糖醋蒜以及珍藏的畫冊享給貴客！錦璋同學是名書法家，也贈送書寫的墨寶給好同學珍藏！近午時，映崑同學載我們到龍岡忠貞去用餐——吃雲南綜合米干，又點了大薄片，木瓜絲招牌菜，並帶了自製的糖醋蒜先品嚐！

用完餐，就驅車去人緣極好的嵩懿同學家，探望剛出院的秋杏大嫂，錦璋同學也送了他的墨寶，以及早上才採的自己栽種的無花果給大嫂，嵩懿好同學回贈同學們最愛的花生；品茗，聊天……

一點多我們離開了張府，驅車前往桃園榮總分院的護理之家關懷梁忠民好同學，有近四年不見了，跟他的兒子約好兩點左右到達，我們約兩點半左右到達，小帥哥就已經在門口迎接我們了。

忠民的一對兒女非常優秀，又很孝順！兒子是博士，女兒是老師，也是一位小美女。

小帥哥說忠民同學知道我們要去看他很興奮也很激動，想要自己起來，他到醫院時，看到爸爸跌坐在地上，嚇了好大一跳！幸好無礙！

我們很開心看到了忠民同學時，氣色很好！心態健康！看到我們非常開心，還一直要小帥哥去買飲料，怕我們渴了！我們阻擋都沒用！忠民美麗可愛的女兒也視訊打電話跟我們見面，謝謝我們去探望爸爸，真是可愛又貼心！小帥哥太客氣了，更準備了三份茶葉，一份咖啡當伴手禮，真是不好意思！我們大約四點左右離開，怕忠民太累了，讓他趕快休息。

感謝映崑同學送會長到桃園火車站搭車北返；錦璋同學跟姪兒約在龍岡圓環郵局，然後，再送我，回到家五點多了！

感謝辛苦的映崑好同學，

送完我們，他回到家應該是六點以後了！晚上，他還要再去探望王彥慧同學，並將會長及同學們祝福他平平安安的心意轉達到！今天我們與親愛的同學度過了一個有“情”的情人節！

有情！有義！有愛！真情永在！祝福永不止息！

憶

陳文燦

時光匆匆而逝，憶之十四期體育系同學十八人，如殘花似日漸凋零，男十五人已逝八人，餘七人，尚健全者剩三人；而女生原來三位皆健康如常，故耄耋之年，我們均宜以健康為要。

已近半世紀（五十年）未曾提筆，惟恐詞不達意，但為奉達會長信義兄之命，在此深夜人靜之計，簡述之前在復興崗四年學生之憶。

五十七年前炎炎夏季之時，收到軍校報到通知，前往北投復興崗，提前一日從嘉義出發到達桃園三叔家過夜，隔日提著簡單行李到北投。因第一次離家倍感新奇，憶及接受三個多月的入伍訓練，校內行走時遇人無論是同學，學長姊須行舉手禮，走過轉彎處須直走直角，要不如被發現，必被罰之。

入伍過後，進入正常學習四年學生階段。體育系教室位於中正堂後方，老舊木造教室，而共同課目則與影劇系合堂上課，日日吵吵鬧鬧，好玩愉快之至。

憶教室之情，教室老舊，門窗是木製，不易上鎖隨時可進出，因其位置屬偏遠地區，僅學長學姊會到，而系裏學長學姊或同學都非常和睦，如遇事故都相互照應。

教室除上課外，亦是同學們休閒打鬧之處；如遇假日或休閒時間常分兩組，在教室前後排站，相互丟擲物品（衣服、鞋襪、書籍等）。

記得升四年級某一天，休閒戰斗之始，我在教室後，內務櫃拿起一支球鞋向室前講台前丟擲，正中教室黑板（玻璃製）剎那時黑板破碎墜落，霎那教室鴉雀無聲，過後大家商討對策，如何向上級報告，商討後由我直接向中隊長報告，因黑板沈重老舊，於教室休息，見其自行墜落破碎而了事；事後，教室之相互擲擊之事則永遠停止。另勇雄同學好玩橄欖球運動，故喜穿當時剛流行的運動三角內褲放置於教室內務櫃內，亦是大家嬉戲之物，皆趁其疏忽之際將褲套其頭上而成鹼蛋超人之笑柄。

每遇週日相約走後門穿越鐵絲網，攜帶早餐多餘饅頭，前往新北投大屯山悠遊爬山，冬天則採摘桔子等悠閒活動。

信義兄任會長這近二年來，為促進同學之情誼，利用每月兩次 KTV 歡唱聚會，不辭辛勞，尋找適當場所讓大家歡樂。黎興、麗霞、蜀禧，長松等同學則不時幫忙提供意見讓大家愉快歡唱，近時並由歌友姿穎小姐組成金龍頌群組，方便大家相互連繫。

大師萬齡兄每次必到，從未缺席，並常以贈其畫作，鼓勵同學踴躍參與，實屬難得。小學妹蕊芬亦每唱必到，亦屬群組中之模範生。下午歡唱畢，與同學一同至附近餐館餐敘，費用不足皆由會長信義、黎興、萬齡、長松等四位共同支付。

萬齡兄平常無論對孤兒院，或同學餐會，都會無私的付出與奉獻，真值同學們的鼓掌，謝謝萬齡兄。

參與同學會感言

萬榕榕

同學會預訂今（113）年的 9 月 19 日召開，9 月 17 日是今年的中秋佳節，在這個好日子；大家都希望月圓人團圓。人生是一趟沒有回程的列車，同學當中有些提前下了車，希望留下來的同學們；大家都以米壽～88 歲、白壽～99 歲、茶壽～108 歲為順序與目標來達陣！並且大家都能夠來參加同學會。

同窗四年不容易
學文學武有豪氣
大家分道揚各旗
伙伴身別情不離
朝向東南西北地
著手規劃各己意
米壽八十七加一
壽比海水深無比

白壽乃百歲減一
壽比南山高雲裏
茶壽過百不容易
壽友歡聚笑嘻嘻
目標靠努力呼吸
標出目的不放棄
達成任務靠努力
陣容堅強定勝利

後記：教授班聯絡人萬榕榕告知在 113 年 7 月底前需交文稿一則。其自認一生庸碌，乏善可陳。接獲電話後，即興創寫一打油詩，與同學們共勉！當天與會的同學很多，並且希望久未謀面的同學也能夠出席。

毓德代筆於 113 年 6 月 26 日

參、同學會及各班、系活動記實

救國團「風雨見眞情：公義、自由、和平、救國」凱道大遊行

王蜀禧

111 年 10 月 30 日參加救國團「風雨見真情——公義、自由、和平、救國」凱道大遊行，怕人太多，所以，早早整裝出發，12：20 抵達集合地點：台大醫院捷運站一號出口，一會兒，見到了台中上來的江鴻洲同學，然後，江潤滋同學帶著 14 期的立旗到達，陸續區偉國同學伉儷，郭年昆同學，高祖懷同學，會長吳信義同學，王榮川同學伉儷，潘慶權同學，左其正同學，樊長松同學，邱麗霞同學，吳瓊南同學，史雲生同學和朋友，金夢石同學，金國樑同學，馮又新同學，萬道德同學，曾邦輔同學，楊卓耕同學，劉尊仙同學，自宜蘭趕來的吳恆宇同學，張瑞華同學，還有一位朋友～俊歌，呵呵呵……當然還有在下我囉！浩浩蕩蕩的隊伍！

今天有一大部分的同學在自強協會出席，有幾位同學，

身體不適，但是在今天各班期的出席率來說，可是老驥伏櫪啊！依舊是一馬當先！我們撐到四點左右，環顧四週，學弟妹們早已撤離，回到家大約七點多了！

各地區的救國團今天幾乎都到場響應了這個活動，非常多的年輕人出席，救國團是很多人年輕人美好的回憶……今天的活動很成功，祇是上位者聽到了百姓的呼聲嗎？會從善如流嗎？真是非常的期待！

按照往例，我都會將復興崗出席的班旗以及其他軍事院校的班旗，或其他單位，都會盡量的拍照……為出席活動作鑑證！

今天復興崗出席的期班我看到的有 14 期，15 期，16 期，19 期，20 期，21 期，22 期，30 期……或有旗幟，或與合併出席。陸官校有 34 期，35 期大學長出席，今天真的太多單位了，不及備載！

找統指部的弟兄，找了好久好久……最後，找到了，卻擠不進去，只好遠遠的照到春生弟兄代表了。抱歉！要去跟八百會合一下，我這路癡不知道要怎麼過去……祇怕找不到，又回不來……可就慘了！後來，祇好跟新民說抱歉了！

特別要感謝劉尊仙同學大師，為我們每一位同學拍了特寫。感謝金夢石同學提供法蘭司烘焙糕點以享同學。

今天早上吃了兩顆白煮蛋，帶了一大壺水，怕上廁所，也只敢喝一小口，整天雨下個不停，忽大忽小，天空也在為我們哭泣……從頭到腳濕透透……在場的人依然是滿！滿！滿！沒有人離開喔！

我背的後背包以為會防水，NO！我裏面的禦寒背心都濕透了！全身濕衣貼身，捷運上，火車上的冷氣……冷啊！餓死我了，好在有同學準備的糕點，到火車站就先開吃了！

明天，終於有幾天可以喘口氣，休息一下了！

14 期無役不與！永不缺席！

慶祝母校 71 週年校慶

王蜀禧

今天（112 年 1 月 6 日）是母校校慶，卻不如往年，校園不開放，也沒有邀請，有“王小二過年，一年不如一年”之感，晚上回家後翻看手機，群組傳出的訊息及照片，幾乎只有授獎者及少數人參加，座位空蕩……頗感蕭條……滄桑……更覺淒涼～有被消滅的感覺！

感謝會長信義同學盛情安排，訂定今天（1/6）14 期同學音樂坊小聚，我們自己為母校慶祝生日！更感謝班上的牡丹王大師萬齡同學慷慨捐畫，原先說捐兩幅畫作，今日來到了現場，帶來了三幅大作，

做為彩禮！因為是慶祝校慶，在下我也帶了小道具——小國旗，小校旗，14 期的小毛巾來增添氣氛！

我奉命製作了籤，我們三點照大合照，因為有人早走，會長信義同學準備了一個十吋大好吃的蛋糕，為母校慶生；四點，摸彩，參加摸彩有 20 位，嗨到了最高點！

當然，當三個獎都出現時，遊戲就結束了！真是幾家歡樂……

恭喜今天得到了大獎的是從紐西蘭回台的費鴻福同學，音樂坊的老闆娘 candy，小唐，真是手氣很好的幸運兒！牡丹王大師與每位獲得畫作的得獎者一一合照！鴻福同學 1 月 11 日就要飛回紐西蘭，今天特別過來跟同學相聚，並

獲大獎，也祝福同學一路順風！新年快樂！

今天老闆娘贊助場地，我們仍然沒有讓他太虧損～牡丹王大師贊助 2000 元，會長收男生每人 300 元贊助。

晚上在大和用餐每人繳交 300 元，牡丹王大師現場點一支黑牌威仕忌，又加點好幾樣菜色，餘額由他支付，真是不好意思，又讓同學破費了！

今天我們自己慶祝校慶大家開心盡興而歸！

我親愛的的母校～生日快樂！

參加慶祝黃埔建軍百年特展揭幕式活動

王蜀禧

今天（112年6月18日）一大早趕搭9001，想說一趟車程就到市府轉運站，那麼市政府廣場，應該是不遠啦！哪知走到天荒地老……好遠！從下車開始就問問問……

政戰14期今天在台北市政府廣場參加「國民革命軍建軍暨黃埔建校迎百年」的特展揭幕式活動。

總算是找到了復興崗及 14 期的立旗！也看到了學弟妹們的立旗，見到了好多好久不見的老戰友們！

感謝最辛苦的總召潤滋同學汗流浹背的招呼同學，更感謝卓耕同學準備了冰涼的檸檬仙草飲給同學們消暑解渴……更準備了熱茶請同學們飲用，就看到他頂著烈日（今天還真是熱得不要不要的……）不停的穿梭在人群之中去添水泡茶給同學們解渴！真是好生感動！

今天參加活動的同學有張瑞華、談鴻保、江潤滋、吳哲嘉、左其正、李山栗、王蜀禧、陳文燦、楊卓耕、蕭錦宗、萬榕榕、陳嘉峻、厲光華、區偉國伉儷、邢萬齡、梅蕊芬、金世偉、金國樑、金夢石、郭年昆等21員。我也照往例幫各班期拍照留念。

哲嘉同學說我學生正平也在場，也一起合照了；找到退協、統指部的長官弟兄們留影；還有中華美韻合唱團美麗的隊伍，好久不見帥氣的志強帥哥，以及帥氣又青春美麗的平霞小美女！還有從不缺席的沙永存學長！當然，一定出席的“八百壯士”理事長王忠義將軍！看到老弟官校39期的弟兄，也為他們留影；今天看到了12期音樂系施寬平學長，很是開心！施學長也是無役不與，總是會在活動中看到學長的身影……令人佩服！

除了我們14期，還有15期，16期，18期，19期，20期，21期，22期，24期，25期，30期……如果遺漏了，抱歉，老人家了，請原諒，再跟我說，喔！還有校友總會國茂祕書長也風塵僕僕的從高雄趕來督陣照相存證！

可是我一回頭……人都走光了！正平過來約我一起去用餐，認識了美麗活潑可愛的執行長桂紅小美女，正平打電話到“吉星”定位用餐相談甚歡，因為兩點與好朋友另有約，我就先行離開了。

參加「侯友宜總統暨立委台北市競選總部成立」誓師大會

王蜀禧

今天(112 年 11 月 4 日)是總統與立法委員成立競選總部及誓師大會，在台北市政府的廣場前舉行，下午兩點進場，我在期上群組公佈 1:30 市府捷運站 2 號出口處集結，會長同學跟子堅同學要去拿會旗，要我帶同學先進場，嚇得我這個大路痴急忙電話求援……沒接電話……心裏忐忑不安，硬著頭皮 11 點出門上路，到達市府站 2 號出口時，見到了小寶貝已經到了！鬆了一口氣，這下安啦！看到了譚蜀珍妹妹代兄長遠雄好同學出席；嘉峻好同學來電已經進場，請他幫忙先找好座位；我已經吃了點東西，維麗怕我餓死，硬是去買了點心要我馬上就吃……這能不肥嗎？“愛心肥”……22 期的帥哥小學弟用輪椅推著媽媽，媽媽還手拿小國旗，一起來參加誓師大會，真是好感人！要給一個好大的“讚”！

1：30 會長同學和子堅好同學準時到達，我開心的跟著走！到達會場，只見 16 期早已到達，還提供了兩塊看板，真是好棒棒！我們趕緊七手八腳的組合會旗立起來就是報到的標桿！

不一會兒同學們陸續到達，感謝美麗賢慧的樊大嫂代夫出席；今天本 14 期出席的同學，寶眷，朋友如下：1、會長吳信義 2、郭年昆 3、區偉國賢伉儷 5、金夢石 6、譚蜀珍代兄出席 7、譚遠雄桃園空小同學 8、樊長松大嫂 9、廖振卿 10、馬子堅 11、談鴻保 12、楊卓耕 13、張瑞華 14、陳嘉峻 15、黃建峰 16、王蜀禧共計到了 16 員；更難能可貴的是，有兩位年逾 90 高齡的五期大學長李紹誠，劉遵義學長，頂著大太陽到現場，我們就邀請他們跟我們坐在一起，幫他們照像，也可以照顧他們。

今天復興崗在校友總會的動員下，共襄盛舉出席的各個期別為：5 期，12 期，14 期，15 期，16 期，18 期，19 期，20 期，21 期，22 期，23 期，24 期，26 期，27 期，29 期，30 期，政戰預官班，共計有 17 個班期的校友參加，期盼爾後能有更多的班期能夠站出來響應！

台上司儀很賣力的主持介紹大老們，立法委員候選人……等，紛紛上台宣達他們的競選理念，以期獲得選民的認同；當然，馬英九，朱立倫，韓國瑜，蔣萬安，連勝文，郝龍斌……等都依序上台大聲疾呼要大家團結一致，一定要下架民進黨！台下觀眾士氣大振，祇見現場一片旗海舞動！等到總統候選人侯友宜上台，一番慷慨激昂的呼籲，句句打動人心！現場一片“凍蒜”之聲不絕於耳！人聲頂沸！氣氛嗨到了最高點！大家在國歌聲中，劃下今天完美的休止符！一路上懷著澎湃激昂的心情踏上了歸途……

今天豔陽高照，真的是辛苦了出席的大家！在這裡也要特別感謝楊卓耕好同學，很有心的為同學們沏了一壺熱茶（其實，每次活動，祇要他來，總是會為大家準備了茶水）以享同學，因為我總是到處亂跑的去拍照，回到座位時，說怕我沒喝到，他特別為我留了一杯，另外又拿了一盒咖啡飲料給我，會長同學特別強調說祇有一盒，指定要慰勞我……唉！我也沒做什麼……？真是太不好意思了，感謝大家的愛護！結束時，請問了同學捷運站的方向，就搭到南港，又找不到台鐵的入口，只得再問……回到家已經 7 點多了！

凌晨三點多才睡，鬧鐘定在十點，但六點就醒了，醒來，就不會再睡了，這會兒，還真是累啊！晚上，真的有早一點睡，哈！一點多就睡了！

參加「台灣平安　人民侯康」造勢晚會

王蜀禧

今天（112 年 12 月 23 日）下午三點半出發，擔心要花時間找路，又要先到會場幫同學安排座位，車上，人真的很多，今天運氣不錯，捷運出來，問路問對人了！兩位帥哥說跟著他們走就對了，真是太感謝了！

台北飄著細雨，身上的衣帽，背包，即便是穿上了雨衣，也濕了，人群不停的湧入……沒有遊覽車，都是自己搭交通工具前往！

復興崗校友總會陳裕中理事長在雨中與各班期的校友照相，互動熱絡。

14 期同學老當益壯！無役不與！信義會長很貼心的為今晚出征的同學們準備了每位兩個熱包子充饑；黎興副會長貼心為同學們準備了豆漿，讓同學們都非常的感動。

當然，侯康進場群眾的情緒達到了最高潮！嗨翻天了！今晚的低溫與風雨擋不住人民的熱情與期待改變的心！

回家後看電視播報今天估計約八萬人不畏風雨齊聚凱道！力拼翻轉台灣！

在寒夜裏，心是溫暖的……

祝福親愛的您歡喜入眠

母校建校 72 周年校慶活動

王蜀禧

今天(113 年 1 月 5 日)是母校建校 72 周年！

我們 14 期今天有洪陸訓同學榮獲終身成就獎與黃錦璋同學榮獲傑出校友獎，實乃我十四期之榮耀！吳信義會長特別請劉建鷗教授申請了五張請柬（要有請柬才能進校參加慶典)今天代表 14 期同學為他們道賀慶祝恭喜他們！更是 14 期的榮耀！

前兩天接到三期孫少英大學長請託，今天有幸幫孫老師代領“終身成就獎”，與有榮焉！

當所有的頒獎儀式完成，授獎者一起到精神堡壘前照大合照。

今天見到了好久不見的林木川教官，看到了九期的王耀華學長，十期影劇系的蘭觀生學長，好久不見的十二期陳正枝學姐，見到了榮獲傑出校友的 31 期簡士偉將軍，並當面相他致謝，優秀的十五期聶廣林學弟，恭喜十九期音樂系徐景湘榮獲傑出校友獎，見到了優秀傑出的徐氏兄弟，更見到了榮獲傑出校友獎的才子帥哥程富陽，見到了榮獲傑出校友獎的陳合成帥哥，我是他臉書上的粉絲，今天見到了本尊，真是開心！恭喜今天得獎的優秀校友們！

畫展很是感動，到曉園幫同學們拍照留影，又到新聞系欣賞攝影展，與信義會長，建鷗教授會合後，就去觀賞現場揮毫寫春聯！我們的錦璋兄可是出國比賽榮獲日本大獎的大師，寫完，春聯立刻就被要走了，真是很搶手呢！

很感謝今天辛苦接待我的林家舟帥哥學弟，一直幫我拿著衣物，當我們離開時，我就很辛苦的當扛夫了！幫學長代領的獎座是水晶的，好重！因為要代表學長領獎，家舟囑咐 8：30 以前要到校，於是向會長報告我要先報到，當然，有比平常早一點睡(凌晨 2 點睡)，早上四點起來，五點半出發，搭乘 6：01 的火車，轉捷運，轉接駁車，8：10 就到了！

感謝錦璋兄太客氣了，中午在北投“上享餐廳”設宴款待，信義會長帶了乙瓶威仕忌以享大家，佳餚美酒，賓主盡歡！

相識一甲子的聚會：記 113 年同學會春節團拜

樊長松

春節團拜活動，是同學會每年的重要活動，然近因受新冠肺炎疫情影響致已停辦 4 年之久。今（113）年春節團拜，在信義會長精心策畫、服務團隊的共同努力下於 2 月 22 日在台北英雄館 7 樓凱旋廳舉行，到會同學、眷屬、遺眷共近 100 人。非常難得的幾位遠道而來的同學，如遠從台東的繼曾同學賢伉儷、台東太麻里正秋同學賢伉儷、花蓮玉里的前會長昭仁同學、台中市的鴻洲副會長同學、宜蘭的前會長錦璋同學、恆宇同學、羅東的遠蓬同學賢伉儷等，謝謝他們不遠「千里而來」。

另有復興崗校友會陳理事長裕中、軍人之友社簡祕書長士偉等貴賓蒞會指導，陳理事長並致贈同學會加菜金 3000 元、簡祕書長致贈 21 年威士忌酒 2 瓶，使團拜活動增色不少。而令人更感窩心的事，是黎興同學自費致贈參與團拜的同學每戶茗茶禮盒 1 份、陸訓同學提供金門高粱酒每桌 1 瓶（共 10 瓶）、梅萍同學夫婿胡琛學長致贈金門年節高粱酒 6 瓶、嵩懿同學致贈每桌 1 瓶佐酒花生等，更增添團拜活動的歡愉氣氛。

回想民國 53 年歲次甲辰，我們是一群甫自高中畢業滿頭烏髮的毛頭小子，在北投復興崗初相會，今（113）年適逢歲次甲辰，所以今年的團拜相聚，是我們相識、相聚已一甲子的歲月，真是別具一番意義。

上午 8 點半服務團隊已然在英雄館 7 樓凱旋廳擺好陣勢，迎接參與團拜的同學們，10 點多同學們陸續來到，大夥雖是久違，但一見面自是「相逢握手一大笑，往事歷歷湧心頭」，熱絡度油然而生！

這次凱旋廳團拜會場的布置，由報到處的標示牌、14 期立旗置放及會場內的布置，完全是針對老同學龍年團拜的需要所作出的安排真是令人驚艷，這要感謝建鷗同學出面洽請英雄館的費心安排。而團拜聯誼活動，在服務團隊巧心運作下，有關同學會的報到、桌次、坐位分配、卡拉 ok 歡唱、彩金摸彩等聯誼活動，由於麗霞、潤滋、宗鑑、錦宗四位同學事前的辛苦規劃付出，使聯誼活動得以井然有序的進行，氣氛熱絡毫無冷場。致會長帶領服務團隊逐桌敬酒時，善飲的同學們無不杯杯濁酒一仰而盡。誠如莫言所言「有同學的地方，無論是大魚大肉還是小菜小湯，都是讓人沉醉的地方。端著酒杯，不說話，頭一仰，全喝光，那種感覺只有你我能夠品嚐。」所以只要有老同學，就是最美、最溫馨的地方。

總之，113 年的春節團拜，真如會場內一幅布置圖所示「友誼不因遠而疏、盡情享受重逢的喜悅」，真是一場令人難忘的盛會！

政戰 14 期 113 年春節團拜

王蜀禧

睽違三年的春節團拜，在引頸期盼中隆重登場！

政戰 14 期於今日(113 年 2 月 22 日)假台北市國軍英雄館七樓凱旋廳舉行 113 年新春團拜，席開十桌。

服務團隊都在約定的時間前到達，昨天我們已經做足了準備，今天大家滿懷開心的迎接親愛的同學們蒞臨盛會！

同學們陸續的來報到了……少不了的是開心的歡叫嘻笑聲……一個大大熱烈的擁抱……會場頓時充滿了歡樂熱鬧的氛圍！

因為疫情，我們已經三年沒辦春節團拜了，這次活動在會長吳信義積極策劃領導，服務團隊發揮了要求完美，精益求精，合作無間的精神，將我們的成果完美無瑕的呈獻給我們的同學！

一場成功圓滿的活動，從來不會是靠一個人可以成就的，除了主事者的睿智與高瞻遠矚，運籌帷幄以外，還要有一個精銳精誠的服務團隊，任務才能完美的使命必達！

今天要感謝的人很多，感謝同學不辭辛勞的從四面八方攜眷赴會，更感謝遺眷大嫂們的蒞臨。感謝軍人之友社簡秘書長士偉和復興崗校友總會陳理事長裕中兩位貴賓蒞臨指導。

感謝簡秘書長致贈兩瓶21年的威士忌酒;陳理事長致贈加菜金3000元;感謝前會長洪陸訓致贈金門高梁酒十瓶(每桌乙瓶);十一期學長胡琛(梅萍同學的夫婿)致贈金門節慶酒六瓶;更感謝副會長黎興自掏腰包為同學準備了伴手禮~阿里山的茶葉600元;嵩懿同學致贈每桌乙瓶好吃的花生下酒!

感謝會長及同學的踴躍捐獻彩金達111,600元,舉凡同學與遺眷大嫂統統有獎,最大獎5000元,最小獎500元。將整會場的歡樂氛圍達到了最高潮!也嗨翻了天!

前會長游昭仁同學精采的薩克斯風演奏,同學的載歌載舞;黎興副會長捧著"您獻藝,我捐獻"的捐款箱穿梭在人群中……也造成了另一波的高潮!更增添了歡樂的氣氛!

今年的會場佈置更要感謝建鷗教授同學請英雄館的學弟以甲辰龍年為主題製作佈置!美侖美奐!精采絕倫!同學見之,驚呼連連!讚不絕口!真是太感謝了!

當然,在會前的所有繁瑣作業及大會現場摸彩,歡唱……等活動的進行,要特別感謝建鷗教授,潤滋,錦宗,麗霞,長松,宗鑑各位好同學的辛勞付出,讓大家非常感動!更是感謝!辛苦您們了!

我們在十七、八歲的青春少年時,相逢於崗上,情逾一甲子,如今已是八十老兒,我們在意的是"在人生的道路上,尚能攜手同行,溫情相伴……享受重逢的喜悅!"今年正是同學們相識一甲子的歲月,今天的相聚對我們來說,真是深具意義!

感謝有您的蒞臨參與讓今天的盛會更增精采與歡樂！

祝福親愛的大家～

龍鳳呈祥迎新年！

福祿雙全慶團圓！

好運接龍財運旺！

慶祝中華民國建軍暨黃埔建校百週年全民國防嘉年華活

王蜀禧

今天（113 年 6 月 2 日）一大早出門～下雨，全配裝備～雨衣+傘，出捷運正想著要怎麼走……遇到了士校的小弟兄，於是，開心的跟著他們走，進到凱達會場，向他們道謝後，找到編號“40”復興崗的帳蓬，見到五期 93 高齡的大學長撐起五期的立旗，神采奕奕的矗立在帳蓬前，其愛國愛校之精神真是後期學弟妹們感動！敬佩！學習的榜樣！

頂著滂沱大雨，今天已經算是很多人不畏風雨而來了！

今天的亮點就是退役的弟兄們自發的集合操練，在今天為了慶祝中華民國建軍暨黃埔建校 100 年的校閱！

依舊有著雄壯威武的軍容！看著斑白的髮絲，黝黑滿佈皺紋的面龐，微微突起的小腹，依然挺拔的腰桿與炯炯有神的目光，威武整齊的隊伍！在風雨交加中正步前進！在場所有班隊依序跟進通過閱兵臺……澎湃激昂！熱淚盈眶！已分不出是雨是淚……在雨中聆聽復興崗合唱團，黃埔官校生的鐵驥合唱團，光仁的圓韻合唱團的精采演出，血脈賁張！

感謝最辛苦的復興崗總會長陳裕中率秘書長楊國茂等幹部在大雨中照顧所有出席的校友及復興崗合唱團，還為校友們準備了可口的飯盒，真是非常的感動與感謝！

今天的活動圓滿成功！充分的展現了退軍雖已年邁，愛國不畏風雨！愛國之心永在不死！

陸軍官校自 30 期以下的大學長也風雨無阻的參與，令後期學弟妹們感動與敬佩！

今天，政戰 14 期同學參與者 13 員，感謝楊卓耕同學準備了水果，和熱茶以享同學，並一趟趟的向外取熱水沖泡茶水，因為我一直跑來跑去的，感謝卓耕同學每次總會特別留一杯熱茶，怕我沒喝到……感謝這樣濃醇革命的好同學情誼，永銘於心！

參加萬齡同學畫作義賣會

王蜀禧

頂著傾盆大雨，看不到小黃，一路問……終於到達了目的地~張榮發基金會。

今天（民國 113 年 7 月 10 日）是來參加班上同學~牡丹王邢萬齡大師的義賣會，到達時，時間尚早，見到了早到的同學在一樓喝咖啡，就過去一起拍照，再到六樓參加拍賣會。

義賣會當日，雖然滂沱大雨，祇見大師的粉絲群早已到場。

今天時間安排的太短了，即便是如此短暫的時間，大師在談笑之間，已輕鬆完成了作品，大師功力之深厚，名聞遐邇，果真名不虛傳！大師是一位有情有義，非常有愛心，熱心公益！出錢出力！非常了不起的善行大師！

大師的作品在完成的當下,即被秒殺~售罄！因為時間關係，向隅者眾……特別恭喜一位美麗的幸運兒自高雄趕來，歡喜購得乙幅大師作品收藏，直呼不虛此行。

今天含信義會長及到場的同學也都是大師的粉絲，我們包了一個小紅包，祝賀萬齡同學義賣圓滿成功！我們更以大師同學為榮！

晚上大師特設宴“四海一家”小敘。今天真是開心，充實，有意義的一天！

復興崗校友會第五屆會員大會

王蜀禧

今天(113 年 7 月 13 日)是復興崗崗上兒女的大日子！第五屆校友會員大會假台北國軍英雄館召開，也是自家兄弟姊妹開心的相見歡，我們 14 期參加的同學計有信義會長、建鷗、黎興、邱麗霞、江潤滋、張宗鑑、王蜀禧、萬榕榕、吳哲嘉、左其正、陳文燦等 11 位同學，其中建鷗同學為校友會代表。今天還有一個重要的任務，就是要選舉第五屆的理監事及理事長，大會順利進行，選舉結果出爐！恭喜 20 期陳裕中～眾望所歸！高票當選，蟬聯理事長！當監事長劉建鷗教授宣佈結果時，獲得大家如雷掌聲！恭喜之聲不絕於耳！陳理事長的熱心！負責！努力！大家都看在眼裏！迎得大家的愛戴！大會圓滿成功！

今天席開 46 桌，酒酣耳熱，臺上歌聲繚繞，歡笑聲，掌聲不斷……好不熱鬧！嗨翻了天！

餐後，感謝宗鑑資訊長請同學在旁邊喝咖啡，我因為早已有約，幫同學們拍照後先行離開。

今天要特別恭喜並感謝非常優秀的 16 期趙嘉凱同學，他對敵後情報很有興趣，也很有研究，他出了第二本大作《浴血高原　陸上臺灣的覆滅——傅秉勛將軍殉國記》、《黑水——中華民國留在大陸內部最後一個游擊基地（一場你不知道的戰爭）》

非常感謝嘉凱贈書與我，並代轉四叔乙本。

今天看到了好多好多好久不見的學長姊，學弟妹們，大家都安好真是“開心”！

同班同學相見歡

王榮川

這一天（111年12月17日）的同班同學聚會，是令人感動與難忘的日子。從民國53年新生入學算起，我們從四年同修，加上為國家奉獻的時光，已歷經超過半個世紀以上的歲月。而在古稀之齡，尚能重逢歡樂一起談笑風生，可謂畢生難得機緣。

此次聚會餐敘，席開3桌。當日近午11點，同學南來或北往冒著寒風細雨陸續駕到：小巨蛋旁（南京東路4段50號）二樓的祥福餐廳。出席人員除了政治系第三教授班老同學或賢伉儷偕同。應邀參與貴賓還有本期同學會長吳信義、邱麗霞副會長、資訊長張宗鑑等。

餐會菜色質量都令人滿意。只是醉翁之意不在酒。用「相見歡」來形容當時的氛圍是最恰當不過；雖然因疫情關係都戴口罩，同學乍見一時難以辨識，但聞其聲，尤其脫下口罩，都會驚喜呼叫出同窗的姓名。而最令人欣喜有趣的情境是：紛紛談起入伍及學生時的趣事。雖往事如煙，個人也許遺忘，但經同學逗趣提起，不免驚喜回顧。

相見時難別亦難，由於聚會時間下午2點須結束，我們不得不「曲終人散」。依依不捨情境中，內心哼唱「期待再相會」，期待下次在台中再來相見歡。

政戰 14 期政一、政二教授班聯誼

王蜀禧

奉會長同學的指示今天（112 年 6 月 15 日）參加政一、政二教授班的聯誼活動，假台北市張榮發基金會紀念館舉行。

我這個大路痴從捷運站就開始問，問，問……終於及時趕到了，真是好佳在！

今天參加的同學和大嫂們共有三十二位：

1、林威國伉儷 2、區偉國伉儷 3、沈遠蓬伉儷
4、林毓德 5、張代春 6、左秦生 7、金世偉
8、馬子堅 9、楊卓耕 10、萬榕榕 11、傅一秀
12、蓋牧群 13、鍾夫人 14、王漢國 15、高祖懷
16、江潤滋 17、蕭錦宗 18、吳信義 19、黃建峰
20、吳哲嘉 21、談鴻保 22、張瑞華 23、黎　興
24、張宗鑑 25、鄭　振 26、邱麗霞 27、王堡麗
28、王蜀禧 29、曾祥澴

因為疫情，大家真的好久好久……不見了！分外親切，熱絡，開心……都大家有說不完的話！依照慣例會長頒贈各教授班贊助活動金 2000 元整，由教授班連絡人萬榕榕和吳哲嘉代表接受。

我們分別點了自己喜歡的餐點及飲料，據悉，還有伴手禮，後經商議結果，各送貳佰元禮金，自行處理，皆大

歡喜！

很令人感動的是：沈遠蓬伉儷遠從宜蘭出席盛會，還有難得出席的金世偉同學，今天參加了這次的活動，久仰同學好本事，一身廚藝了得！

這個活動地點很好，沒有時間限制，我們照了好多照片，也跟大廳中的西洋艦拍了團體照。

今天好巧，正好是我陽曆生日，我從來沒為自己過過生日，但是很巧的是，總是會碰到了一些聚會的場合，就有好多好朋友們會一起快樂的歡敘，開心的度過 78 歲的生日！真是太棒啦！

歡樂的時光總是會有結束的時後，大家在依依不捨中揮別……回到家已經七點多了。

新聞系同學聯誼

吳信義

受邀參加 14 期新聞系聯誼會，數十年來他們持之以恆，珍惜同學情，每年四季聚餐，是各班期的榜樣。

小型同學會以班系為單位召集，政治系各教授班人多不易，雖然同學會每年補助 2000 元，數年來只有新聞系、影劇系定期舉辦。

如今同學年近八十，要能參加團體活動，基本上要身心康健，行動方便，沒有牽掛（有些人要帶孫子）說來不易，這是我多年來舉辦活動的感慨。

我擔任會長後，順應同學建議，雖不能成立舞蹈班教學，但舉行每月兩次歡唱，達到以歌會友目的，人數多寡隨緣，建立一個快樂平台，我會持續任內兩年之承諾。

珍惜同窗聯誼

王榮川

這一天（112 年 11 月 11 日），我們復興崗 14 期第 3 教授班的老同學再度相聚。場所是台北西門町附近的國軍英雄館 7 樓的嘉賓廳。我們約定上午的 11 點聚會，但同學在 11 點前就陸續報到。看到遠從花東地區或南部辛苦趕來的同學，讓我這個台北近郊輕鬆前來同學深為開心與感動，畢竟大家都已七老八十高齡，能以老邁之身，不惜舟車勞頓駕到，確實難得。我以前常說：同學一回相見一回老。如今卻不禁感慨:一回相見一回少。歲月不饒人，當餘命愈少時，我們更要珍惜親友與同學的相聚。因此定期的同學聯誼是最佳的連結。在此要感謝吳信義會長與副會長江鴻洲同學的細心聯絡。

這次聯誼會席開三桌。出席者除了本班同學，及本期會長及服務團隊，還有同學的家屬。從用餐前到用餐過程，大家本著「酒逢知己千杯少」的心情開心交談。由於距離明年一月的國內大選將到，有同學不免要關心政治。讓我想起學生時期　看到一本期刊封面的題詞:桌上打麻將，國事管他娘。屆此年齡功名地位已化煙雲，現場所相互關心者大多身體的健康，藉此交換養生經驗。看到同學各個體能老當益壯，有的還紅光滿面，算是當天我最開心的事。

藝術系同學班聚

王蜀禧

今天（112 年 12 月 15 日）是我們 14 期藝術系畢業後將近六十年，第一次開辦班上的班聚，感謝 14 期吳信義會長的蒞臨並致贈補助款。

今天南部同學因故不能來，台中同學同也沒來，我們就小而美的將今天的溫馨同學情跟大家一起分享。

牡丹王邢大師為同學畫了七個包，和苗的外套，邊聊邊畫……辛苦了！

中午萬齡請大家在附近的餐廳用餐，感謝嘉峻帶來的陳年威仕忌，萬齡的 58 高梁，佳餚美酒話從前……酒足飯飽後，回到大師畫室。

感謝小美女熬製的烏梅汁以享大家，很開心今天的相聚，有聊不完的話……祝福同學身體健康！也懷念在天上的同學。

如今我們都已八十高齡，更珍惜彼此的相聚！

我又在南港展覽館與南港站迷航……找到了台鐵……滿滿的人潮……等了兩班車，回到家快八點了！

夜深了！溫度有感的在下降……

與藝術系學姐相見歡

王蜀禧

很早之前在臉書上就看到了曉凱學長返台就醫、海倫學姐返台，尤其是海倫姐，畢業後沒見過，約了好久，才敲定今天（113 年 3 月 19 日）由勝利同學帥公子開車共赴台北相聚！

曉凱學長早早就到了，今天掌廚，大顯身手，學長小兒子手作的酸白菜，做酸白菜火鍋，真不是蓋的，夠味！

學姐住在他的帥哥兒子瑋瑋家，今天一桌子的菜～滿漢全席！

陸續的張學長與鄭學姐和葉學姐也到了，北朗姐和姐夫到了，遲學姐到了，都是畢業後第一次見面，哲誠學長最後到。

海倫姐和北朗姐是十三期最美麗的兩朵花～著名的"二黃"，海倫姐是我們系裏的才女，北朗學姐是新聞系的才女，曉凱學長和哲誠學長是我們系裏十三期的帥哥才子，張學長是音樂系著名的才子，當然，鄭學姐，葉學姐，遲學姐也都是美麗的菁英才女，勝利跟我同班，是我班上的帥哥才子！

感謝學長和瑋瑋二廚準備的滿漢全席，瑋瑋準備了兩大瓶的果汁，茶，和自己研磨的咖啡，遲學姐帶來了好吃的包子（真的好好吃），葉學姐帶來了好吃的腐皮捲……還有著名的燻雞……已經搞不清楚了！桌子都放不下了。瑋瑋還準備了飯後甜點——古早味的起士蛋糕，提拉米蘇，阿默蛋糕及水果，真是美食滿滿！

在學校時，我就跟海倫姐很好，她也非常照顧我，我們跟十三期，十二期的學長姐們很好，尤其是十三期的曉凱學長，金學長，哲誠學長，張顯榮學長（不知道寫對沒有？）兩位杜學長，十二期馬學長……真是時光荏然，想當年正當青春 18 年少時……如今已是八十老兒…….髮蒼蒼，視茫茫……比的是吃多少顆藥……身體上有哪些個問題……真的，都老啦！還能相見擁抱，就是幸福！

大家開心的聊到學校時的過往…….同學,前後期的學長姐弟妹……還有師長……瞬間彷彿回到了從前...那個生澀的時光中，再看看彼此滿頭斑白漸少的髮絲，映入眼簾的是遮不住的滿臉皺褶……美麗的學姐們，可是從年輕美到現在……學長們依舊是那麼可愛...

吃飽喝足，開心了一個下午！四點多了，大家才依依不捨的道別離……曉凱學長 3 月 22 日離台,一年後才會回來，希望還有機會可以跟學姐聚聚，感謝大頭和小華帥哥送我回家。

今天和學長、姐的相處真是溫情滿滿！

難忘與影劇系的聚會

邢萬齡・梅蕊芬(代筆)

今天（113年7月4日）上午11：30邢老爹與我參加一場政戰影劇系十四期難忘的聚會。地點：台北市都一處仁愛店美食饗宴，佈施樂主是：黎學長興。吳會長信義致贈洋酒威士忌乙瓶，邢老爹攜帶伴手禮乙份及小梅子熬煮了香濃養生的洛神烏梅汁乙罐與大家分享,美食佳餚當前,老同學們相聚在一起，暢談入伍及任官時期的往事，這近一甲子的復興崗情誼，因歲月久遠而歷久彌新！

餐敘結束後，有些學長姐先行返家，五位學長及本人應黎學長之熱情邀請,前往Bigtom美國冰淇淋咖啡館國父紀念館翠湖店,欣賞大湯姆樂團Hauson的演唱及下午茶，黎學長再次慷慨作東，並與主唱者合唱上海灘、小李飛刀兩首粵語歌，令在場佳賓讚不絕口！大家一起合影留念，留下最美好珍貴的回憶。

今天看到他們歡聚一堂，深感同學情誼的珍貴，人與人之間的相處，就是一種緣分，且珍惜這難得的好因緣！感恩黎學長興的熱情款待及學長學姐們的關懷與鼓勵！在此祝福大家健康平安吉祥如意友誼永存日日好日！

體育系概況

何德大

人生不相見，動如參與商，今夕復何夕？共此燈燭光。少壯能幾時？鬢髮各已蒼。訪舊半為鬼，驚呼熱中腸。十四期體育系畢業時有十五男，三女，如今男生已折損八人，剩下七人，有四人毫無音訊，剩下三人：陳文燦，曾玉麟，何德大。

畢業五十週年同學會時，會場人聲鼎沸，熱鬧烘烘，此情此景已成追憶，六年過去了，這中間參加了好幾次同學的追悼會，我們班上最早走的應該是王愛祥，有二十多年了吧！最近這兩年，先是馬錫珩，後面是江武男，人老了，生病了，走掉了，這就是人生，也莫可奈何呀！

體育系若干年前已經從政戰學校除名，體育系成了歷史名詞，我服役時有十二年是在步兵學校體育組，步校設有體幹班，課程以體能戰技為主，刺槍術尤其是重中之重，五百障礙，莒拳，還有奪槍，奪刀，擒拿等課程，五千公尺跑步，早晚各乙次。

這年頭人家官大，說你重要，你就重要，說你不重要就要取消你，顧立雄當文人國防部長，一上來就取消正步，取消刺槍術，我們官小職位低，你能說什麼，也不會有人理你。

在校時，我游泳並不怎麼樣，在步校遇到預官是游泳國手，經過他的調教，游泳大有進步，至今我每天必定游泳，聲明一下，我們這把年紀已經不是訓練，而是活動，每次結束之前，都要來段蝶泳，大家稀奇吧！

中壢的同學好哥們

王蜀禧

一直以來，在工作上的同事或長官們，甚至是在學時，都是把我當成哥們，就是兄弟啦！老了，就更是一個類糟老頭了！

在這附近有台兒（嵩懿）和映崑，還有大頭（勝利），不時都會相約小酌一番，很感謝同學的照顧，映崑一手好廚藝，歌王級的歌喉，寫得一手好字，影劇系多才多藝的才子，跟美麗賢淑的大嫂鶼鰈情深！

台兒是音樂系，也是多才多藝，差點沒升上將軍，真是可惜了！

他家門口的大樹就是他爬梯子上去修剪成一個台灣地圖，一隻大鳥，一隻鱷魚～了不起吧！

台兒最令人敬佩的是對病後大嫂的照顧，無微不至。秋杏大嫂人美心善，溫柔嫻淑，大嫂病后，台兒沒請外勞，都是親力親為的照顧，讓我們都非常感動，所以，映崑、大頭，我們都會約了去看看他，小酌一下，也很感謝這些好哥們一直以來都很照顧我。

這個世界，豺狼虎豹固然是很多，但是一樣還是有肝膽相挺的好哥們！

祝福有情有義的好哥們終生平安！

中壢同學小酌聚會

王蜀禧

昨天(113年3月5日)約了映崑，大頭(勝利同學)，到台兒（嵩懿同學）家小聚，映崑帶菜，大頭和我各自買菜……

早上出門晚了，市場已經沒什麼熟食，經過一家牛肉麵店，買了牛肉湯。

映崑來了加工，本來要炒高麗菜的，我建議加到牛肉湯裏，香菜炒蛋，我們滿滿一桌菜，台兒開了一瓶年份很久的好酒。

今天揮別了昨日溫暖的陽光，取代的是濕冷的風雨。

我們住在中壢的同學有空，都會相聚小酌……

感謝映崑好同學送我回家，今天，真的好冷！

祝福親愛的您要保暖！溫馨入夢！夢裏啥都有……

同學情，一生緣

樊長松

今天（111 年 10 月 19 日）應信義會長之邀，在台北市錦州街音樂坊卡啦 ok 店歌唱聯誼，到場的同學共 8 位，其中有兩位同學（邢萬齡、賈洪範）雖知名知姓，因在學校時為不同系所（一為藝術系、一為影劇系），而我為政治系，且學校畢業後各自發展，致從未交集過，未料時隔 54 年後，大家都在退休後且已年逾古稀，竟然在此機緣下相逢，我們畢竟是同學，當然一見如故，自有聊不完的話題。因歌唱聯誼，故同學除共話當年在校往事外，並各自分享由畢業至今同學間的各樣軼聞趣事，大夥且因載歌載舞心情放鬆，氣氛至為融洽。當晚副會長黎興同學更熱情邀約至士林——日式餐廳用膳，由於菜肴可口、啤酒味美，席間主人循循善誘致大家話匣子一開，諸多工作歷練及家庭生活往事一一浮現，更增添賓主盡歡的美好氣氛。

同學情，一生緣，畢業後幾十年光陰彈指而過，今日的相逢，非常感謝同學會吳會長的邀約，過了一個愉悅的午後時光。

思 念

王蜀禧

今天(111 年 12 月 19 日)看到了四年前的動態回顧，不勝唏嘘……

往日的揮汗共舞，“華淼老師同學”無怨無悔耐心的教導我們這群高齡笨拙有個性的同學……

是既辛苦，又無奈！一遍一遍……不厭其煩的手把手的把我們這群忘性比記性高的同學,帶到可以運動的地步,真是不容易啊！

“老師同學”的將軍脾氣，也被我們磨平了！比學生還有修養！

同學,就是會偶而使性子,會耍賴……這“老師同學”還真是當的非常不容易又是很高難度的“義工”！

“六年”，真的是段不算短的日子，華淼老師同學，我們都很想念您！復健的路是很艱苦的,相信以您的毅力,一定可以克服！我們更期待著與您共舞！

看到昔日的照片，腦海中浮現著漫妙的舞曲，老師，同學一一浮現……

12 月 23 日在台北 14 期 12 月份第二次的小聚，吳會長雖說是不邀，不勉強，不要有壓力，隨興，隨緣……參加。今天有感……在此呼籲，好久不見了！舞步生疏……昔日的舞蹈班同學們，我們是否一聚？還能共舞否……？

（舞步久不跳快忘光啦！）

我們這把年紀，能夠存活到現在可真是太不容易了！再不見面，以後還真是難說哪！君以為然否？

回顧前塵，都將是美麗雋永的回憶！而現在的我們更要在有限的生命中再造……讓生命中的美好更豐富！！

邀請親愛的您～來吧！

同學會 111 年 12 月歡唱聚

王蜀禧

今天(111 年 12 月 23 日)挺忙碌的，中午參加了好朋友的耶誕園遊會的義賣活動，非常熱鬧，有著各種美食，好吃、好玩，又行善，也跟好久不見的好朋友們見面敘舊，真是很不錯的活動！

感謝永臨會長贈送的聖誕禮物，我拿到了一個聖誕小紅帽~下午就三八一下，讓大家笑一笑……12：30 就跟大家道別趕赴自己期上的活動了。

下午一點多到達錦州街的"8 號音樂坊"，會長同學已經在場恭候同學大駕了。

旅居美國的申朋生同學蒞臨，因為疫情，已經兩三年不曾回來了，月底又要回美，今天特別撥冗與大家匆匆一會，照了好多照片帶回去，送每人一張聖誕卡，和喉糖，然後，又匆忙的離開……

會長同學邀請了三位美麗的老朋友，我們舞蹈班時期的好朋友，歌舞一級棒！老朋友見面分外歡喜！雖然是"老"朋友，他們可是一點兒也不老！跟我們比起來，那可是年輕又漂亮啦！

今天會長同學帶來了好吃的起司蛋糕請大家，我帶了點水果。

感謝潘慶權同學定了附近的"大和日本料理店"一起

去用餐。感謝會長同學，萬齡大師，慶權三位買單請客。

席間萬齡大師提議下次小聚他捐兩張萬元以上的大作給當天出席的同學摸彩！老闆娘很阿沙力的說當天他出場地（包場），會長同學敲定了 112 年元月 6 日下午，今年學校不舉行校慶，我們自己來慶祝！

所以囉，要敬告各位 14 期的同學們，同學會的歡唱聚會踴躍參加，就有機會抱得大獎歸喔！

酒醉飯飽……才各自踏著開心的輕鬆步子賦歸！感謝蕊芬小美女送我回家，又是一個充滿歡喜的一天！回到家九點左右，比較早。

同學會112年6月歡唱聚

王蜀禧

今天（112年6月28日）是政戰14期六月的第二次聯誼，我邀請了三位好朋友，結果只來了一位，帶了高檔的紅茶，更熬煮了一大鍋的桃膠請大家品嚐，真是不好意思；祕書長帶來了外國紅茶；我們的楚留香副會長也帶來了高檔的茶葉請大家品嚐。

會長同學邀請了台大的郭文夫教授，一位非常了不起的文武全才！他是一位留英的哲學博士，台大的哲學教授，精通書畫，且滿腹經綸不說，運動又是健將，乒乓球，騎車……還代表國家隊出國比賽，更精通多國語言……真是令人欽佩不已！謙虛，幽默，待人親切，謙和，有禮……沒有一點架子 。

還有一位台大退休的教官——俊歌；還有邀請到19期學弟——羅金剛伉儷，感謝學弟準備兩套12生肖的伴手禮，送給今天參與聯誼的朋友；今天有六位新舊朋友參加，牡丹王大師同學現場揮毫贈送四幅墨寶，我做籤約四點時，開始摸采，今天的幸運兒是：金剛，士林社大班長同學佩英，德玉，老闆娘的妹妹。幸運獲贈的幸運兒與大師，會長一起合影留念。

今天真的非常熱鬧！開心歡唱！婆娑起舞！真是收穫滿滿！快樂的不得了！感謝楚留香好同學幫祕書長和我錄

影。

晚上，有事的就先行離開，我們就到大和屋用餐，小美女帶來了兩瓶自己熬製的梅汁請大家飲用，大師同學帶高粱；感謝會長同學與大師同學，為大家加菜，破費了！回到家八點多，快九點了。

夜深了，明天還要早起，祝福親愛的您在幸福的夜裏，甜蜜開懷！把心中最美的祝福送給您……

同學會113年7月歡唱聚

王蜀禧

今天（113年7月22日）是政戰14期的歡唱相見歡的時刻，今天人很多，有好久不見的九期王端永學長，我邀請了十期周德程學長，還有我台中空小的大學長鄧耀華學長，和我乾弟和他美麗的朋友，感謝周學長帶來了乙瓶1500cc的威仕忌，邢大師帶了乙瓶20年的陳高，虹湄小美女好手藝，煮了一大鍋豬腳，一大鍋糖醋排骨，今天有會長吳信義、王學長、周學長、尹虹湄、邢萬齡、梅蕊芬、林素銀、賈鴻範、黎　興、陳文燦共有十位好朋友帶來了好茶好酒好菜，滿滿一大桌可媲美滿漢全席的佳餚美酒與大家一起高歌！同歡共飲！好不快意！

今天，邢大師將他與大陸著名畫家們互相交換的畫作帶來了11件作品贈送給今天參與活動的幸運兒，大師，小美女學妹，我，一共有四位不參加摸采，將機會讓出來，在這裡要向美麗的艾慧小美女致歉，因為抽籤時他沒聽到，我也不知道是誰沒過來抽籤，問了好久……都沒人應，又急著要拿著畫拍團體照，所以……一鞠躬～致上最深的歉意。

今天大家載歌載舞非常盡興，三位大學長都是歌唱，舞藝一級棒的高手，今天大家聊得開心！笑的開懷！唱得過癮！舞得盡興！1500cc的威仕忌與20年的陳高飲盡……！

我們英俊瀟灑又可愛的楚留香不僅發揮了歌藝，更發揮了精湛的演技，有備而來的裝備，演唱蕭煌奇“你是我的眼”！奇怪了！我怎麼只拍照，沒錄影？！真是遺憾！

同學會會長吳信義為九月份召開會員大會及出刊書，利用時間，我們開了一個小會，會長指示了交辦事項。

非常感謝黎興好同學送我到捷運站搭車，回到家已經十點多了！

回到家看到了王學長幫我製作了了一張照片，在此特別向學長致謝！

同學會 113 年 8 月歡唱慶生暨慶祝父親節

王蜀禧

時間過得好快，今天（113 年 8 月 5 日）是我們 8 月的歡唱，一共到了 12 位，人雖到的不多，依舊玩的開心，唱得過癮，舞的盡興！

我們的副會長楚留香老師級的歌舞，自不在話下；會長同學的唱功與舞技，也是頂瓜瓜的一級棒！我們的秘書長是我們足智多謀的軍師，唱功與舞技也是好得沒話說！

現在，更不得了的是我們又有一位生力軍的加入！非常感謝並熱烈歡迎九期本家大哥哥,大學長~王端永學長，承蒙學長不嫌棄，紆尊降貴與學弟妹們同歡樂！學長幽默風趣又可愛！雖已 86 高齡,比我們還要活蹦亂跳！歌聲嘹亮，中氣十足！什麼歌都會唱！跳得一級棒的國標！哈！因為學長太可愛了，看起來太年輕了！像是小學弟，但卻是大學長！

感謝學長把今天的歡聚製作出聲影短視頻，祇能說大學長真是太優秀了！我等佩服至極！

今天會長同學請店家韻竹小美女幫忙準備了一個大蛋糕，虹湄小美女是八月美麗的壽星，我們一起為他慶祝，同時也為在座的各位父親們慶祝八八父親節快樂！

今天也要特別感謝財務小帥哥、我們的香帥、虹湄小美女去為我們買了豐盛美味的佳餚、邢大師的美酒、香帥的好茶、蕊芬小美女熬製的香醇梅汁……大家一起共度美好的歡樂時光！留下了滿滿的感動……與回憶……

肆、人生隨筆

離座不忘回頭看

黃錦璋

幾年前我曾撰述了一篇” 離座不忘回頭看”短文，普獲認同。

茲再以選後結果，補述如後：

無論初選或連選之政治人物，人人皆期許自己能高票當選，套一句通俗的話：” 人人有希望；個個沒把握 ” 真是一語道破迷思的自尊。

先說初選者：請問您在過往的時日中，為民衆服了哪些務？得了多少人的肯定?心理學家名言：S←→R 的理論，告訴我們，你付出多少的努力，必得多少的回報。此其中包括了：人脈、學歷、經歷、閱歷、財力、品德、才能、相貌……等各項的綜合考評項目，您的每一句話、每一舉止，都會是選民放大與檢驗的材料，您是無法自知與操控的，選上了是您多年來，點點滴滴儲蓄累積的存摺，才會有開花結籽的正果。您若未被選上，怨不得任何人，此刻起您必須誠實的檢討 ” 不忘回頭看 ” 呀！

次就曾經落選，這次再東山再起的候選人，請您想想看：自從您上次落選，有無回頭檢討過去自己有哪些不足之處？若自認有一些缺失，請問您補過或改善了沒有？您若很虛心的點剝處理問題所在，請問整體完善了否？若尚未完善，奉勸您另謀他途，政治這碗飯不是您吃得下的。

最後對連選連任的候選人而言，當選的歷程是艱辛的，您胸懷大志，殊值敬佩，今後每走一步都要心存“如臨深淵，如履薄冰”的心態，時刻自勉，此刻絕不可輕忽任何細微末節的舉止動作，慎獨回頭看才是您奮勇前進的原動力。

施與受的感悟

黃錦璋

施是給別人的，受是別人給的。

施給人不分對象，包括：不分國籍、地域、種族、語言、性別、年齡、只要是出自志願。因此晚近半個世紀以來，世界各國都在大力推行非政府組織，志願服務會福利政策，我國雖然起步較晚，可也是帶頭領先立法的國家，使得各先進國家對我們刮目相看。

“施”若以志願服務作為，可以相互替代语詞，似乎又不大對等，暫以佛家的“布施”加以分析，似較貼切。佛家主張：布施的內涵，不限於物質層面，舉凡對人一句稱頌的話語；支持對方內心世界的意識；傳達一句令人向善的話；提供色界正面的事物；寫一段令人感動的文章……。亦即使人無論眼、耳、鼻、舌、身、意、其中之一，會使人產生正能量的行為均屬之。譬如：師父講經開示、凡人贈送物資給需要的人、做各類志工、人與人之間隐惡揚長、撰文讚賞、為亡人助念、為鬼魅超薦……等等。

“施”與“捨”有異曲同工之妙趣，然而“捨”却與“得”綁在一起，所以自古以來有“捨得”哲學，而無“施得”哲學之說。所谓“捨得”哲學，個人自云：“捨得，捨得，有捨必有得。大捨大得，小捨小得，不捨不得。捨者得也，易得者，亦德也”。上述無論“小得”或“大得”，都是可以量化的，能量化的回報，畢竟有限。而"施"予人，卻沒有人想去獲"得"到什麼？其實所得非現世所能應现，故施"應該是未來無限大的福報，其意義比"捨"既深且鉅。因此，古人要我們"施"人慎勿念，將來你自然會有各方的回饋。

"受"又是如何呢？吾人常說："受"人一瓢當湧泉以報，意指：當我在最飢渴、最潦倒、最低潮的時候，能夠獲得別人對我的支助，渡過難關，哪怕是一滴"邊際效用"的清水，我也要盡最大的能耐回報，故古人說"受"施慎勿忘，就是要我們不要忘記當初人家對我的關心、照顧或支持。

社會是温暖的、互助的，當今社會上各種不同的志工團隊，無怨無悔的支出，不就是"施"人最具體的表現嗎？他（她）們從不曾想過要對方如何回報；相反的在遂行志工過程，獲得別人給他（她）們的方便，他（她）們卻念念不忘，感恩再感恩。

綜上觀之，吾人獲得一個結論，那就是"施"比"受"更有福，這個"福"是永遠的"福"，是不會耗損的"福"，是庇蔭子孫的"福"。長年的志工可謂：大德有年，今生來世必獲"永受嘉福"。

宜蘭市城隍廟有一幅楹聯："為善必昌，為善不昌，祖宗必有餘殃，殃盡必昌"；"為惡必滅、為惡不滅、祖宗必有餘德、德盡必滅"。

佛家亦有一首偈語："欲知前世因，今生受者是；欲知來世果，今生作者是"。

本文“施”與“受”和上列一聯一偈相呼應，雖然各有不同註解，但在吾人心中，似有一股冥冥的力量在迴盪著，久久……久久……。

內斂，眞的很美

沈遠蓬

有種成就叫做低調，有種自信叫做含蓄，有種前進叫做退讓，有種表現叫做內斂。

每當面臨趾高氣揚的炫耀，每當遭逢繪聲繪色的吹噓，每當遇到手舞足蹈的張揚，每當碰見言不由衷的誇張，每當看著表裡不一的自大，驀然回首，原來內斂還是種美，看來低調也是種格，當然含蓄更是種品。

內斂是種智慧，是種修養，是智者的胸襟，是仁者的謙遜，是勇者的沉穩，是強者的淡泊，是能者的知足；它可使浮躁沉澱，也可叫衝動冷靜，還可令魯莽持重，更可讓哀怨消失。

內斂只是個形容詞，它不會逞強，不求聞達，不爭機峰，他將有不鳴則已，一鳴驚人的際遇，他會有所為，有所不為的選擇；它的名詞叫一座大山，山是一個穩重的圖騰，予人敬服，而它的動詞叫做一泓潭水，水是川流不息的象徵，叫人親近。

地不畏其低，方能聚水成海，人不畏其低，方能浮眾成王；自後者，人先之，自下者，人高之；不與人爭，心就輕鬆，不與人比，心就簡單；能低頭才不會叫能人搖頭，能讓步才不會使自己跺步，內斂的人，永遠比別人多個清涼的心，既沒有敵視，也沒有成見。良賈深藏才若虛，君子盛德貌若愚，內斂的人，往往會低下頭、彎下腰、閉上嘴，放下所有驕傲，這不是不行，而是不爭，這不是認輸，而是認真，舉重若輕，遇慌彌定，大凡人一低調，或是含蓄，或是退讓，就會發現視野拓寬，靈台清明，所有的無奈，原就是無常，無風又無雨，無陰又無晴，屬於你的，還是你！不屬於你的，永不是你。

內斂也是一種養生，也是種快樂，静心看透淡涼事，歡顏樂做糊塗人；內斂者，人不知深淺，而我自知進退；低調者，人不知多少，而我自知輕重；含蓄者，人不知大小，而我自知前後；淡看世事如此多嬌，冷觀生活這麼多態，人事如棋，悲歡冷暖，盡在心中，應對進退，端在我心。

也許我沒有什麼能耐，也許我並不是特別，所以，在是非窩裡，人用口爭，我何妨以耳聽；於人我群中，人向前擠，我何不往後退；惟有內斂的人，不忮不求，多聞多思，你不一定有所得，但決不會有所失。

內斂除了是一種心態的選擇，也是人生的感悟，心出是非外，跡辭榮辱中，他強由他強，清風拂山崗，他橫任他橫，明月照大江，沒什麼好爭，時間就是最好的證明。

內斂像是濃濃的醇香，也像淡淡的鮮艶，受得起細茗，經得住耐看，不論紅塵萬丈，自己都能笑看風花，不論浮沉多載，自已也能淡守雪月；抬頭，攬一片閒雲，低眉，斟一盞醇露，知道我，他幸，不知我，我運。

內斂、低調、含蓄、退讓，就是這麼灑脫，如此灑脫的人，是雅人更是高人，真的很美，我欣賞。

歡樂溫馨的父親節

楊 浩

小兒子世光生性至孝，預先在老罈香川味館訂了一席川菜盛宴，為我和小弟慶祝父親節。孝敬我奉給我 30 萬元的一個大紅包，也孝敬其叔父我的小弟一個大紅包。楊世光為人謙讓，對部屬盡心照顧，對世界財經術業有專攻財經界不二人選，有子如此賢孝，光宗耀祖，我但覺一生無憾！

兒媳方瑤琪更從梨山其叔父農場快遞一箱水密桃孝敬我。親家梨山農場，我們曾在其 300 多坪的別墅作客，乘兩部採水果的車，緩駛在農場裡觀看工人採水蜜桃、蜜李，劉應章更在菜園裡採了兩棵碩大的高山高麗菜。帶了十幾箱水蜜桃、蜜李返回！當年懷抱著的小孫子現在也比我高了！

人生百年過客，八十年歲月瞬間事！近兩年動了兩次大手術，去年從肩椎胸椎到尾椎打鎂化鋼釘裝人造骨手術，因遊山玩水傷了雙膝蓋骨無法行走，今年五月十二日又動了加裝人造膝蓋骨大手術，拜醫學之進步，現已可行走爬樓梯。

一生中好像只做對了兩件事：

一是一生追求愛戀了一個人，那就是在復興崗追求到的劉應章同學，和我共同孕育了兩兒一女，現更衍生了三個孫兒、一個孫女、一個外孫女、一個外孫。

長孫由上海乘暑假返回、小孫兒遊學美國前日方回，外孫女今年考上了台灣第一女子高校北一女，祖孫三代有無盡的話語溫暖的親情。

二是研究郵學是一生的無所事事的志業，只不過是在郵海中翻起的一朵浪花漣漪而已！

著作了十八部郵學著作及集郵目錄、三千多篇郵學論述、郵集數百部，回首往事卻只是一個瞬間。

焉知後來者有不如我者？

我這一生集郵七十多年郵學裡引用積累起來的政、經、文化、兩岸交流、軍郵的數據資料經驗，或許會對後來研究這一段史料者略有點幫助，五十年、一百年後或已沒有(集郵）這個項目或名詞，有人研究回看這段歷史，如果能夠誇我幾句，我雖已不知塵歸何方？那或將在塵埃裡會有一點點的欣喜吧！

我這一生選的這兩條路，不退讓、不更改是一生最大的幸事！

歲末感言

吉　淵

一年又到了尾聲，應該向老同學老朋友問個好拜個早年了。想起我們這一群相處在一起已有六十年左右了，以前互稱老同學老朋友，現在卻變成了朋友老同學老了。老也有老的好，放下一切過一個自己喜歡的生活，一身輕鬆壽而康，歡天喜地話家常，不是神仙似神仙。

我很珍惜我們這段情誼，不認爲還有什麼來日方長。餘生是可貴的，不想再用吃得苦中苦方為人上人來綑綁自己，說不定還不如平常人。如碰到適當時機秀一下自己，把日常生活亮起來，使老樹發出了新芽，讓親朋好友兒孫為你的光采歡呼產生歡樂。

當然生活中都會有那麼一段時光充滿不安，可是除了面對也別無選擇，最終也都會過去的。生活體悟告訴我。相濡以沫，肝膽相照的朋友要永久珍惜掛念。並不是時時掛在嘴上。真正的朋友是一生的風景，平時各自忙碌又互相牽掛，不用刻意想起內心也從未忘記過。我們都已老邁，也都經歷過生死悲歡交織過，年少的荒唐往事都已不再，就把他當作下酒菜吧！　　　　　　祝

新年快樂！健康！

平安！順暢！

吉淵、少麗恭賀

112年12月28山居燈下

中華文化中的「龍」

吳恒宇

龍年到來！長久以來，龍的英文翻譯一直都是「dragon」。但鑑於「dragon」在西方普遍被視為是兇殘的怪獸，形象負面。而中國龍則象徵友好和善，代表著好運與吉祥，因此中國大陸正積極推動，要將中國龍的英文翻譯正名為「loong」。

據新華社微博、中共政法委微信公眾號《長安劍》等官方媒體報導，北京外國語大學英語學院副院長彭萍表示，19 世紀初，英國傳教士馬什曼在自己的著作裡提到了中國的龍，當時的注音用的就是「loong」，但他後面解釋的時候依然使用了「dragon」這個詞。

報導稱，在馬可波羅的東方遊記裡就有「dragon」這個詞。從外形上觀察，馬可·波羅認為中國建築上的龍和西方的「dragon」有一定的相似之處。

後來英國傳教士馬禮遜編出了史上第一部《華英字典》，裡面就將龍譯為「dragon」。這部《華英字典》的影響非常深遠，「dragon」這個詞就一直延續了下來。

中國的龍更友好和善，西方的龍則是巨型魔怪。「在中國，龍的形象非常正面，是一種幫助人類的動物，是尊貴的」；「在西方，龍形象幾乎都是負面的，非常糟糕，是殘暴的野獸。」報導指出，幾位對中國文化比較了解的西方學者這麼區分「dragon」和「龍」的內涵。

總結來說：西方龍：口吐烈焰＋巨翅長鱗＋烈性如火，形象負面。中國龍：馬頭＋鷹爪＋魚鱗＋鹿角＋蛇身＋沒有翅膀，代表好運吉祥。

北京日報旗下微信公眾號《長安街知事》稱，至少從1980年代開始，中國大陸就有學者指出，「龍」和「dragon」不宜互譯。原因很簡單，中華文化中的「龍」和西方語境中的「dragon」，有著顯著差異。中國龍是農耕文明的產物，主要負責保佑一方風調雨順，承載著勇敢奮進、活力無窮、吉祥如意等美好寓意。

相比之下，西方龍是海洋文明的產物，常在地中海東部、古希臘等地出沒，興風作浪、噴火食人，大多被視作邪惡的象徵。在《權力遊戲》等西方影視作品中，就都有這樣的形象塑造。當中國人以「龍的傳人」自居並對外宣傳時，不了解中華文化的人很可能會因此產生誤解。

也談手機賴群組的問早道好

吳恆宇

由於科技的進步，我們人手一支手機，已是最基本的配備。又由於手機的功能甚多，其中我們運用最多的，可能就是「賴」了。賴不花錢，而且好用，所以又延伸出另一個話題，是不是該每天在賴的群組上問早道好？首先，我認為這是一個「選擇題」，不是「是非題」。因為賴群組的人數每個不同，有的群組只有夫妻、兄弟、情侶、好友兩個人，有的高達幾百人。假如僅兩人或三、五人，那就單純了。我們每天問早道好一次、二次，這有報平安的作用，也有相互關懷的作用。譬如小家庭的「群組」，僅夫妻兒女四人，且分住多處，或有人出外旅遊，我們每天，或每天早、中、晚都傳上一個什麼圖，讓大家知道我們平安，這很好嘛。您看常有老人家與兒女互不連絡，有一天老人在家兩腿一伸，他走了。半年後，兒女回家過年，見老人已成木乃伊了。假如獨居的父母，每天跟孩子用手機互傳個「早」呀、「好」的，這個悲劇就不會這麼慘了。

再說兩個故事。我們十四期住宜蘭的同學很少，我們宜蘭同學有個群組。在多年前，有一天遠蓬兄用賴問我：「你有沒有注意到，錦璋已有多日沒有上網？」我說：「是呀」。接著，我們打手機，打家用有線電話，打了一個小時，也連絡不到錦璋兄。

我們想到，在軍人身分證上，有「見可疑立刻追查」這句警語。遠蓬兄立刻從羅東跑到宜蘭市來跟我會合，我們接著直奔錦璋兄的獨立家屋，先按門鈴，接著高喊「錦璋，錦璋」。真的很緊張，我越喊，就越緊張。我們在錦璋兄家的大門外等，天氣好熱，我們的心更是七上八下。又隔了好久好久，錦璋兄回來了。原來他這些天很忙，他沒有時間看賴。又由於他今天出門，半路上機車壞了，去修了機車。還有就是他今天出門沒有帶手機。這幾種狀況同時發生，造成了我們的錦璋。不，是造成了我們的緊張。又有一次，這次是遠蓬兄久未在賴上問早道好，這次我急了。我同樣的打手機，打家用有線電話，都連絡不到遠蓬兄，這次我覺有異，就立刻到羅東。我先去買了盒水果，再到羅東博愛醫院去詢問，而查到遠蓬兄所住的病房號碼。這兩個故事，說明手機賴的問早道好，其實也有正功能。因為它有報平安的作用。

淺談如何品嘗咖啡

邱麗霞

我愛喝咖啡，
可說是一咖啡控吧　。
來談談喝咖啡的最大樂趣吧。
簡單三步驟，
感受咖啡的更深層次。
平時是怎麼喝咖啡的？
是大口大口喝，
還是吹涼了才入口？
細吞慢咽還是一口氣喝完？
你知道喝咖啡時，
嗅覺和味覺一樣重要嗎？
咖啡的味道千變萬化，
感受其中的特色，
是喝咖啡的樂趣呢　。
一起來體會咖啡味道的層次與深度吧　。

Step 1〔聞〕

體驗千變萬化的香氣
品嘗食物時，
嗅覺和味覺一樣的重要，

就像感冒時鼻塞，

吃起東西來也索然無味。

所以喝咖啡，

別忘了聞聞咖啡的香氣喔。

剛煮好的咖啡散發的香氣是品嘗時第一個感受到的感覺，

透過鼻子聞聞香氣，

能夠感受到咖啡千變萬化的味道，

在一杯咖啡中常常能聞到各式各樣的香氣：花香、果酸、草本香、焦糖等等，

這就是咖啡迷人之處　。

品嘗咖啡小常識：

乾香與濕香

咖啡的香氣基本上能分為乾香與濕香，

乾香指得是咖啡豆磨成粉，

尚未沖煮時的香氣，

濕香則是咖啡粉加入熱水後的香氣　。

在不同的狀態底下，

咖啡粉也會呈現不同的味道，

有的香氣在乾粉狀態時特別明顯，

而加了熱水之後，

有的香氣會減弱但其他的味道更加凸顯　。

自己沖咖啡時，

別忘了體驗一下乾香與濕香的變化　。

Step 2〔啜〕

讓咖啡味道充分在口中甦醒
等咖啡稍微降溫後，
舌頭對於酸的敏感度會提升，
正是用啜飲品嘗咖啡的好時機 。
啜飲就像是日本人吃麵食時發出呼嚕聲音的品嘗方式，
以吸啜的方式將一小口咖啡飲入口中，
透過這樣的方式讓空氣與咖啡翻攪，
使咖啡液汽化，
並且迅速布滿整個口腔，
味道更充分的散發出來 。
如果是在不方便大聲啜吸的場所，
或是不想引人注目，
也可以採用類似「漱口」的方式代替「啜吸」。
品嘗咖啡小常識：放一下再喝
咖啡什麼溫度喝最好呢？
咖啡剛煮好時，
不用急著送進口中，
因為溫度高的狀態下，
味蕾是無法清楚品嘗咖啡的味道，
還可能會受傷燙傷喔 。
先體驗香氣，
稍稍放涼至口舌可以舒服飲用的溫度再喝 。

隨著時間和溫度的變化，
一杯咖啡也會產生各種變化萬千的氣味，
尤其溫度降低時，
果酸也會更加明顯，
有些以果酸為特色的咖啡在這樣的狀態中會有更棒的表現喔。
咖啡的味道千變萬化，
感受其中的特色，

Step 3〔喝〕

別急著吞下，
先將咖啡留在口腔前段，
讓咖啡氣味瀰漫綻放在口鼻腔中，
吞下後則能體會到咖啡液流經喉嚨所散發的後勁，
以及殘留在口中的香氣，
隨著口水吞咽，
還會感覺到從喉嚨湧出的餘韻喔。
品嘗咖啡小常識：
可以這樣配　。
喝咖啡搭配甜點，
還能夠帶出咖啡的美妙風韻喔，
只要掌握咖啡的風味，
選擇合適的食物與咖啡融合在一起，
會發現某些風味會從隱含的味道中喚醒過來，
令人嘗到新的味蕾體驗，

感受到新的風味在口腔與食道中蔓延。
根據咖啡的特色，
可以選擇各種不同的食物進行搭配，
如中烘焙咖啡搭配奶製品點心，
果酸豐富的咖啡則可選擇水果派或蛋糕，
讓風味更加成喔 。
看完以上種種，
能體會到喝咖啡的大大樂趣了嗎？

祝　賀

林毓德

祝賀情人節來到
天天過得有情調
下到廚房佳餚燒
情有獨鍾真美妙
人在福中要知曉
過享二月真美好
個個歡欣上眉梢
愉悅心情開懷笑
快快樂樂牽手跑
的確美夢要抓牢
今來同渡情人橋
天天牽手有依靠

寫於 2024.2.14 西洋情人節

你我都幸福

林毓德

但願你我都幸福
願望一生都不苦
人生道有康莊路
長期前景無煙霧
久別同窗把書讀
現已邁入老年度
金色年華已成古
一直努力把氣呼
直線快樂走大步
有助提升高壽福

伍、修心養性感言

追求人生九個寶

佚　名

生活簡單沒煩惱，心情舒暢身體好，有滋有味夕陽笑，樂活真好！

今天是台灣光復紀念日，有錢難買真情意，有錢難買真爹娘，今朝重見天和地，八年血戰不能忘，國家恩惠情分深長，不能忘，常思量，不能忘，常思量。願和大家共同用心追求人生九個寶→

家有老伴第一寶，白頭到老貼心襖，粗茶淡飯不嫌棄，知冷知熱離不了，少年夫妻老來伴，呼喚一聲馬上到。

家有老窩第二寶，遮風擋雨不能少，父母家是子女家，子女家非父母巢，偶爾住住也還行，長期吃住難求好。

家有老底第三寶，過好生活少不了，自己花錢別太摳，省吃儉用恰到好，兒有不如自己有，等到最後方可交。

老來健康第四寶，革命本錢最重要，身體才是真財富，自我照顧有依靠，每天鍛鍊快步走，心情舒暢最重要。

老來同學第五寶，一定要把同學找，聚會喝酒常活動，品茶聊天寂寞拋，臉書 Line 常交流，情誼使得夕陽好。

老來朋友第六寶，南北東西聯繫好，身心健康常聚會，天南海北無際聊，Line 終日能見面，好友情誼特重要。

老來快樂第七寶，每天都要笑一笑，歡喜唱歌去旅遊，老了更要湊熱鬧，開拓眼界長知識，讀書閱人無窮妙。

老來情緒第八寶，耳順眼順脾氣好，多看生活中美好，多看別人的好處，逢人多說暖耳話，享受時光的美好。

老來兒孫第九寶，少作評論不嘮叨，兒孫自有兒孫福，順其自然心少操，老少適時同堂聚，人生智慧添不少。

人生有了這九寶，生活順暢不煩惱，心情舒暢身體好，有滋有味夕陽笑，比那神仙還逍遙！願和至親好友共勉之！

淺談維繫感情的方法

邱麗霞

1、幾乎不吵架，都是好好溝通處理。
冷戰沒有用，
大吵大鬧沒有用，
好好溝通討論，超級重要。

2、有什麼不開心直接講出來。
忍了沒有用，
下次一樣會發生，
講出來好好解決，
彼此才能走到越來越合的步調。

3、各自有自己喜歡的興趣。
(他喜歡運動 我喜歡跳舞)。
喜歡就好好去追求、去嘗試。
另一半如果不同意妳去，
請不要因為這樣就放棄，
試著說服他，
不然會被他控制的死死的。

4、互相學習對方優點。
每個人都有所謂的優缺點，
學習他愛乾淨的優點。
就開始會像他一樣，
把自己房間整理的乾乾淨淨的。

相互學習彼此的優點。

自己脾氣很好，

對方脾氣沒有很好。

他每次發脾氣的時候我就會好好跟他說不能這樣。

要用溝通的方式試著幫助對方改善缺點。

5、任何情況不對對方說出羞辱或難聽的話。

看過好多身邊情侶一言不合就開罵，

講什麼你就是個廢物，

什麼多難聽的話都講，

真的拜託不要這樣，

他可能會是你未來的另一半。

除非對方是渣男渣女再罵。

不要對自己在乎的人惡言相向。

6、給予對方異性交友圈。

自己是完全讓對方繼續和他以前的女生朋友聯絡 ，

除了曖昧過的前女友，

完全信任對方。

因為看過太多那種自己另一半，

一定要是異性絕緣體。

這樣超級不成熟的。

出社會怎麼可能不跟異性接觸，

懂的保持適當距離，

拿捏分寸才是正確的。

7、願意認識另一半的朋友。

自己都不排斥跟對方去他朋友的局。
因為這樣感覺更了解對方，
更融入他的生活。
相信一個愛你的人，
一定會非常想要讓朋友認識自己的另一半的。

8、偶爾的小驚喜。
如果都還是學生的話，
沒在賺錢，
所以都跟對方說不要送太貴的禮物。
送一張卡片也很開心，
沒有禮物也都沒關係。
看過很多情侶動不動送一大堆禮物，
花大錢，
個人覺得真的不用這樣，
可以把錢存下來，
做更有意義的事情。

9、AA 制。
先說前提是都沒在賺錢都情況下。
個人認為各付各的對大家都好，
就不會有分手後，
拿錢出來講的問題糾紛。

10、不要無理取鬧。
就是不要無理取鬧，
要用較為成熟的方式解決問題。

學會積極的看待人生

譚遠雄

學會積極的看待人生，凡事都往好處想，這樣陽光才會射進心裡！

生活猶如一件藝術品，每個人都有自己認為最美的一部分，也都有不如人意的一部分，關鍵在於你怎樣看待？

與其整日被庸人自擾的愁悶困擾，不如以一種順其自然的態度，淡看一切得失，心平氣和度日。

每日行進中有進有退，輸什麼也不能輸了心情，不要和別人作比較，因為彼此根本都不知道人生的全部。

接受已經發生的事實，是克服隨之而來任何困難的第一步，我們需要的只是一點豁達，讓一切都從容度過。

人生旅途中，有很多的人事轉瞬即逝，例如在機場、在車站的告別，剛剛還相互擁抱，轉眼已各自天涯。

學會平靜地接受現實，學會對自己說聲做的很棒，學會坦然地面對命運，學會積極的看待人生，學會凡事都往好處想，這樣，陽光才會射進心裡，迎向美好的未來！願和至親好友與同學夥伴共勉之！

健康不是第一，而是唯一

張清民

健康不是第一而是唯一，站在明鏡前面，確定自己才是最珍貴的！

一個人唯有身心的健康，才是最明智的抉擇，有一天你輝煌了，一定要身心健康，才能享受美好的人生，有一天你落魄了，還得要身心健康，才能東山再起！

健康不是第一，而是唯一，儘管這也貴那也貴，站在明鏡的前面，才確定自己才是最珍貴的，當你倒在病床上的時候，花很多很多的錢，不一定能夠把你扶起來恢復健康！

所以，保有身心的健康是最明智的抉擇，人生只有單程，沒有往返，讓自己健康是美德，讓友人健康是行善！

好話多說一句是慈悲，壞話少說一句是智慧，以退為進，以點為線，學不會貼心話，就先試著別說傷人的話。

善於對待自己，也要好好對待別人，默默的犧牲奉獻服務之後，更要加倍的疼惜自己喔！願和同學共勉之！

彙整養生保健資訊

黃錦璋

1.開心果（開口笑）的營養價值很高，優值蛋白質；維他命 A、B、C、E、K；葉酸；礦物質；抗氧化是糖尿病友優質堅果，唯每天不要超過 15 粒。

2.十大健康食物：蘋果、泡菜、酪梨、蕃茄、綠花椰菜、醋、黃豆、優酪乳、鯖魚、納豆。

3.人體八大器官的尅星：胃怕吃撐，腎怕喝酒，胰怕吃飽，心怕吃鹼，肺怕吸菸，脾怕濕氣，腸怕久坐。

4.可以殺死癌細胞食物：蕃茄、綠茶、紅薯、玉米、紅辣椒、青椰菜、甘藍菜、海帶茄子。

5.可以清除血管中垃圾的三樣水果：葡萄、香蕉、蘋果。

6.癌細胞最怕的蔬菜：洋葱、紅薯、胡蘿蔔、芹菜、花椰菜。

7.東洋人最迷信補腎壯陽的牛蒡料理、是牛蒡排骨湯、玉米湯、炒海帶芽、牛蒡煮鷄湯。

8.六種水果採收時要洗淨果皮，芭樂、檸檬、芒果、柳丁、梨子、哈蜜瓜。

9.春吃芽、夏吃瓜、秋吃果、冬吃根，夏天去火可吃苦瓜、養顏可吃絲瓜、益壽可吃冬瓜、滋補可吃南瓜、利濕可吃西瓜。

10.要常吃八種可殺死癌細胞的食物：茄子、苦瓜、海帶、南瓜、紅薯、蘿蔔、奇異果、麥麩。

11.寄生蟲最多的六種食物生鷄蛋、福壽螺、小龍蝦、牛蛙、黄鱔、生魚片。

12.富含免疫力的主要食物:蒸芋頭、紅薯、紫薯、馬鈴薯、山藥、南瓜、板栗、胡蘿蔔、玉米、毛豆。

13.GI 值大於 70 的高升糖指數:，白米飯、吐司、麵包、芒果、西瓜、香蕉、蛋糕、餅乾、冰淇淋等，易造成血糖波動。

14.高血糖人可以常喝這七道湯：冬瓜湯、海帶湯、蕃茄鷄蛋湯、海帶豆腐湯。

15.控糖最佳茶飲：決明子、蒲公英、菊花茶、鐵觀音、檸檬水、山楂水、黑咖啡、苦瓜汁、薏米水。

16.建議高糖友少吃的調味料：蠔油、花生醬、豆腐乳、豆瓣醬、花椒、蕃茄醬、煉乳。

17.勿冷藏食物(置於陰涼處即可) ：馬鈴薯、蘑菇、香蕉、蕃茄、麵包、花生醬，大蒜、黃瓜、蘋果、洋葱、巧克力、瓜類水果、糖果、柑橘類水果、青椒、胡蘿蔔、生薑、火龍果、奶粉、蜂蜜。

18.絕對不要吃的食物：牛蛙、牛、豬，魚製作的肉丸、田螺、鐵板魷魚、大腸麵線、大腸包小腸、鱔魚。

19.有益身體健康食材：納豆防血栓、鯖魚控血壓、優格可整腸、食醋促代謝、豆腐可控血糖、青花菜可護髮、蕃茄護血管，酪梨護膝痛、泡菜助整腸。

20.十種美食排毒王：紅薯、綠豆、燕麥、薏仁、小米、糙米、紅豆、牛蒡、核桃、胡蘿蔔。

21.癌細胞害怕的四種天然青黴素：生薑、大蒜、綠豆、馬齒莧。

22.吃豆腐的優點：護肝、降膽固醇。

23.攝護腺保養要多吃：芥藍菜、高麗菜、地瓜葉、空心菜、橄欖油。

24.中風前的徵兆：频頻打哈欠，舌頭會痛、視物異常、嗜睡、肢體麻木、站立不穩、說話不清楚。

25.增強免疫力的方法：控制情緒、多喝水、勿憋尿、睡足七小時、每天運動 30 分鐘。

26.高鈣食材：芝麻、無花果、黑豆、海帶、芥菜、蝦米、紫菜、牛奶、黑木耳。

27.長壽的六個秘訣:養成運動的習慣、不抽菸、少喝酒、定期健檢及科學治療、不要熬夜，不吃高塩、高油食物、不生氣及好脾氣。

28.超慢跑運動可降血糖。

29.糖尿病患早餐忌吃：玉米片、白麵包、三合一飲料、粽子、鬆餅。

30.洋葱是血管的稀釋劑，胡蘿蔔是軟化劑，大蒜是血管的清潔工，燕麥是瘦身劑，粗糧是血管的營養劑。

31.軟化血管的食物:花生、杏仁、核桃。

32.方便方:睡不著睡前喝口醋、便祕：冰糖燉香蕉、咳嗽：洋葱蒸蘋果、耳鳴：芹菜+紅茶、頭疼:大蒜塗腦門。

33.七種不鹼却含高納食物：吐司，起司、檸檬夾心餅乾、凱薩沙拉醬、運動飲料、酸梅湯、楊桃汁、關東煮、涼麵。

34.佛手瓜可降血壓、血糖及助抗癌。

35.要經常吃以下食物：蘋果、蓮藕、草莓、胡蘿蔔、芹菜、香蕉、香菇、藜麥、蕎麥、海帶。

36.世界上最好的七種藥：養胃要揉腹、養肺要深呼吸、抗癌要走路、長壽要笑一笑、美容要睡覺、養生多喝水、補鈣要曬太陽。

37.服用西洋參常識：不宜和咖啡合飲。

38.百病起於寒：肩膀、頭部、頸部、背部、肚臍、膝蓋、脚底。

39.蔬菜健康順口溜：早餐蔬果汁爽口、午餐青菜一定有，午茶來隻紅蘿蔔、餐前蔬果不會錯、生菜沙拉不怕多。

40.安迪養生湯：黃耆 4 錢、紅棗 3 錢、當歸半片、水二碗煎剩一碗。

41.值得深交朋友的特徵：不怕吃虧、不佔便宜、凡事不計較、記人恩情、知恩圖報。

42.夏天這六種情況別用冷水洗身體：满身大汗時，喝酒後、飽餐後、勞(運)動後、發燒時、低血糖時。

43.人體各臟器最需要的保鏢，腦：菠菜、核桃。頭髮:海帶、皮膚高麗菜、眼睛胡蘿蔔。心臟：深海魚、拍打手內側。肺：深呼吸、蕃茄。胃：揉腹、鷄蛋。肝：枸杞、伸懶腰。腎：黑豆露、踮脚尖。腿：香蕉。防癌：喝水、走路。長壽：大笑。代謝：泡脚。萬能藥：喝水。補鈣：曬太陽。最好的醫師：你自己。

44.心臟的功能：分泌肽液，是各種癌細胞的尅星，而肽液竟然來自喜悅、慈善、正能量的釋放。

45.養成早起五個好習慣：起床動作要慢(有緩衝動作)、5~7 時大腸經時間要養成排便好習慣、起床後要喝杯温開水、堅持要有 20 分鐘的運動如快走打拳、早餐一定要吃。

46.認識血壓：老年人 140/90，八十歲以上血壓以 150~130 最為安全。

47.認識血糖：70 歲以上糖化血素在 7.5 上下，80 歲以上 8.0-8.5 均 OK!

48.會傷腎最好少吃的食物：胡椒餅、小魚乾、旗魚鬆、鍋貼、鮮肉大餛飩湯。

49.强化人体自瘉能力：將檸檬洗净後切成丁，置於碗中待冷凍後磨碎即可再儲存，飯前灑在食物上具有自然療法可恢復強化人体自瘉能力。

50.老祖宗留下來養生語錄：早不酒、晚不茶、冬吃蘿蔔、夏吃薑，汗水未乾冷水莫沾、心靈手巧，動指健腦，一日三棗，長生不老，睡前洗脚，勝吃補藥，白天多動，夜裡少夢，夜臥不蒙頭，晚飯少數口，百病由氣生，氣好百病消，頭要涼、脚要暖、肚子不要滿，吃得慌，咽得快，傷了胃口害了腸。

51.健康警訊：心臟有問題，手臂易酸痲，忌吃柚子，肝有問題，晚上小腿亦抽筋，忌吃榴槤，腎有問題說話音痧瘂，忌吃楊桃，脾胃有問題易偏頭痛，忌吃芒果，腸道有問題忌吃李子，高血厭忌吃西瓜。

52.陳宗堯將軍 104.11.04 撰「健康生活經驗談」

找事做常用腦，生活規律莫過勞，要多動，食宜少，飲食清淡皆需要；多喝水拒飲料，簡餐水果不宜少；深呼吸非常好，強心補肺均有效；通經絡按穴道，氣血能量充裕；泡泡脚睡好覺，心情愉快是至寶，做體檢打疫苗，預防疾病一定要，小感冒會變調，不可大意忘治療，居家外出防摔跌；重情誼不計較，親友互動關係好；想得開常微笑，樂觀知足不易老，年九十還輕巧身心健康最重要，談健康無訣竅，毅力決心見成效；經驗談博君笑，愚者一得共成效。

陸、追思、懷念

懷念許君健同學

譚遠雄

游昭仁同學擔任我們14期同學會會長時，告知旅居加拿大影劇系同學許君健過世消息，我一時不知所措眼淚流了出來，靜坐後待情緒恢復後，才想起57年來與君健兄一段深厚的情誼，他是影劇系我是政治系為何會走在一塊，在學校時我是在一次運動會上，爬高牆我看他個子不高停下來扶他過牆，一直陪他過高網，爬鐵絲網，一起到終點，自此開始就常在一起，他才華出眾編好的劇本給我看，劇情內容感人生動，我很欣賞。

民國57年我們自復興崗畢業分發到陸軍步校初級班受訓編到同一中隊同一班，班上還有影劇系王映崑同學，我們三人個子一大兩小，野外課程扛機槍背砲管是我的事，拿架子是他倆事，回來擦槍擦砲是他倆，因為他倆細心，我粗心擦不乾淨，他倆包了。在野外地形地物辨識課程，我們跟著君健走就能很快找到，他非常聰明我很佩服他。

民國58年分發部隊後。因限於駐地相隔太遠，而我自

63 年調東引反共救國軍到 67 年調金門登步師擔任處長，68 年君健鼓勵我考研究班，我利用空閒時間準備三個月考取研究班 39 期，受訓完繼續在金門服務。到 69 年在外島服務連續六年，君健幫忙我報名參加陸總參謀考試，成績分曉君健第一名，我第二名，13 期馬留孩學長第三名，結果 69 年 9 月成績第一名君健分到陸總部，第三名馬學長分發到國防部，我這第二名分發到蘭嶼成立陸軍進德班，接收台南軍監出獄的 250 位回役兵，再感化教育六個月後分發國軍部隊繼續服役，還好當時有楊建標與王長安同學一起幫忙順利完成任務。

民國 70 年 8 月君健兄在陸總部管人事，看到我自 63 年到 70 年都在外島服務，而且連續六年考績優等，應該調上校缺，在君健兄協助下，70 年 9 月調嘉義軍擔任政二科長，71 年軍部排名我第一名候選升上校，到 71 年元旦軍部升排名 2.3.4.名升上校，我這排名第一沒升，軍主任黃家瑾上校說我外島連續六年考績優等是混來的不能升。君健兄當年在總部升上校後，特別注意到隔一年 72 年陸軍政戰人員升上校名單中有我的名字才放心。真要謝謝他的關心，還好當年嘉義軍新主任張人俊也升少將，前任主任調成功嶺沒升少將還是上校，他上校時我上尉，等我升上校時他還是上校，人生事很難預料。

民國 77 年我離開軍中，君健兄 82 年在政戰學校擔任影劇系系主任，家父當年過世，我特別到學校找君健兄擔任家父治喪委員會總幹事，主任委員是趙萬富上將，在君健兄幫忙下順利完成家父告別式，非常感謝他。

他退伍後擅長書法常帶書法到日本展出，又會裱畫，後來移居加拿大發揮此專長執業。這之後就沒見過他一晃好多年，如今想起他過世的事，無比感傷，特撰此文表達追思與感念。

懷念慶權同學

吳信義

3月10日例行14期同學歡唱會，慶權兄偕同了夫人來參加，晚上一起用餐相聚愉快，3月19日潘大嫂來電告知，慶權兄因心肌梗塞送榮總，在加護病房九天後離世。

真是令人難以相信，讓大家難過不捨。慶權兄退伍後，全家移民美國洛杉磯八年多，一直心念台灣的生活，16年前舉家返回定居，返台後，熱心參與同學會各項活動，如八百壯士及各項愛國街頭抗爭行動，學長、同學及學弟大家對慶權兄讚美有加，他平時待人誠懇、熱心公益、笑臉迎人、落落大方，14期聚會從不缺席，樹雲兄一句：太突然了!他是個大好人!是最好的詮釋。

如今天人永隔，常思他的好，只能在心中追憶。誠如大嫂給我的信息，會長：慶權已經離開我們到天國去了，不勝悲痛不捨，祝他安息於天國。

懷念我們的同學：潘慶權

樊長松

慶權是我們的好同學，還記得民國 53 年，大夥滿頭黑髮一起進入復興崗同窗四年，畢業後再至軍中服務，迄解甲歸田至今，都已白髮蒼蒼，但卻標記著我們已有一甲子之久的濃厚情誼。

你退伍後，雖移民美國 8 年多，卻一直心念台灣忘不了我們的同學情，終於 16 年前舉家返回定居。返台後，同學會各項聚會及活動無不熱心參與，從不缺席。同學相處總是笑臉迎人，尤其待人誠懇、熱心公益、同學們對你讚美有加，都說你是個大好人。你於今（112）年 3 月 27 日竟突然撒手人寰，讓我們不勝悲痛不捨，但我們知道你一生所做誠如提摩太後書 4 章 7 節、8 節所言「那美好的仗，我已經打過了；當跑的路我已經跑盡了；所信的道我已經守住了。 從此以後，有公義的冠冕為我存留，就是按著公義審判的主到了那日要賜給我的，不但賜給我，也賜給凡愛慕他顯現的人。」

你的走是安息主懷，我們如今雖天人永隔，但你的好，將常在我們的心中追憶。

政戰學校 14 期同學會

會長吳信義暨全體同學敬悼

追思慶權同學

王蜀禧

當我從會長同學得知我們的慶權好同學去做天使時，轟得腦袋一片空白……怎麼可能？我們不是才剛見過面？一起談笑，一起唱歌？！

學生時期的我，祇認識班上上合堂課的男同學，與慶權好同學結緣於八百壯士埋鍋造飯時，得知他曾移民美國後，又返台定居，總是笑臉迎人，是一位古道熱腸，熱心公益的好同學　，凡是期上的活動，總是看到他熱情參與的身影！

慶權的歌聲優美，尤其是廣東歌曲，唱得好極了！更是一位溫暖貼心的好同學！

我們同學近一甲子，雖然相識的時間不長，但是攜手革命的情誼是深厚的！感謝我們曾經為捍衛國家維護憲法，併肩努力奮戰！

您在世間的任務已經圓滿，不捨您的離去，仍要為您祝福～不要掛念，一路好走！我們終會再相見的！

您是我們永遠的好同學！好戰友！

悼念同窗好友：老楊

王蜀禧

接到好友嵩懿傳來噩耗說老楊走了，心中充滿難過與不捨……近一甲子的同學情誼！濃郁得化不開的革命情感！老楊是我的同班同學，他是音樂系，可是，我們的共同必修課程卻是與我們藝術系一起合堂，上了四年，同窗四年的好友！

老楊就是楊興棟，他個頭瘦高，皮膚黝黑，天生一副渾厚圓潤的好歌喉！為人溫和有禮，熱心，有責任感，是很幽默的暖男！

在校時，就跟著同學喊他：老楊，一個很親切的稱呼，直到現在……明年，我們就是相識一甲子的同學了！卻在此時撒手離開了我們……

我們已到了耄耋之年，逐漸走到了凋零之途……萬分感慨與悲痛！雖然，我們最終歸宿的終點站是一樣的，對老楊的先行離開還是感到扼腕不已……

感謝清民，勝利兩位好同學提供的照片，睹物思人....我們一起在澎湖歡樂的旅遊的情景……歷歷在目，猶如昨日……不勝唏噓！

請新麗大嫂節哀，一定要保重身體！呼籲各位親愛的同學們，好好的把握當下，珍惜餘命，更要活在當下！不要吝惜彼此相互的關懷！爭取每次相聚的機會！～共勉之！

老楊，我們都愛您！祝福您一路好走！同學們會送您最後一程，前往西方極樂世界！

送別我們同學：楊興棟

王蜀禧

懷著悲傷難過的心情 7 點就匆忙出門，按照好同學給我的資訊～在公館下車，往台大方向的出口找接駁車，我找不到標示，看到了一位美麗的婦人在等車，就請問他，他說就在這裏，可是，我聽不太懂，又不好意思再問……一回頭，看到同學了！喜出望外，這下可安啦！趕緊向前走去～潤滋和子堅兩位好同學，說著說著……會長同學和邱也來了，於是跟著他們一起搭乘 31 路的接駁車，到二殯時，已經有好多同學都到了。

追思禮拜溫馨感人，興棟兄的女兒在哽咽中說出了對父親的思念與不捨……他的弟弟用歌聲送親愛的三哥……我們也忍不住淚崩……

今天來送興棟兄的同學有：吳信義、王漢國、金國樑、黃錦璋、馬子堅、張瑞華、江潤滋、劉剛、張代春、林毓德、王夢龍、黎俊雄、夏繼曾伉儷、夏繼孟、邱麗霞、翁逸華、陳嘉峻、葛勝利、苗延芳及女兒、王等，共 22 位同學，在會長同學吳信義的率領下，我們在哀思中代表 14 期同學恭送我們親愛的好同學楊興棟最後一程。

祝福好同學一路好走！在主的懷抱中安息！

憶摯友：興棟兄

張嵩懿

我倆是十四期保送生，53.6.28.報到，接受為期兩週預備教育，同年 11.8.轉音樂系，11.29.編入學生班第十中隊。

一、學生時代

（一）一年級懵懵懂懂，例假日少外出，穎州兄有部黑白相機，校園內的景點，如：曉園、復興武德、柳湖、鴛鴦湖、志清圖書館……是我們三位經常駐足的地方。

（二）民國 54 年夏天，興棟和我完成了中橫健行，路線是：埔里、翠峰、昆陽、武嶺、大禹嶺、天祥、太魯閣。沿途景色甚佳。當晚抵達大禹嶺招待所已 17 時，我倆穿著夏天短袖外出服，但山上天氣已冷，進屋時，台北市成功中學健行隊，已準備進晚餐。當時，帶隊軍訓教官知我倆是軍校生，著短袖軍服，立即請管理員給我們兩件大衣，並請我們和同學一起用餐，餐後並與學生一起玩康樂活動。當然，同學也請我們表演助興，我倆以齊唱為同學們表演一首歌，結果，掌聲和吶喊聲震動了大禹嶺……老同學猜一猜，我們唱了哪首歌？（謎底在後面）

（三）我倆曾一天看五場電影，先決條件是：必需放榮譽假，不用參加早晚點名，順序：第一場（北投）電影院勞軍電影，出場後，上西門町“豪華戲院”看早場電影，中餐：，麵包，接著看“萬國戲院”下午第一場電影看完後，趕到台北後站“遠東戲院”看下午第二場電影，出場後，立即到後站搭火車回復興崗，在校門前小攤吃碗雞腿飯，回隊上洗完澡，到教室休息，接著看中正堂晚上的第二場電影，一天趕五場電影。

哈！頭昏腦脹....最後，連片名都忘記了！

（四）班上末次兄家住澎湖，未曾造訪過，其他同學家，我倆均登門拜訪過，尤其感謝俊雄（新竹北埔），榮光兄（高雄美濃），兩位媽媽的愛心，想起“土雞肉”至今難望其美味……感恩在心！

（五）興棟兄是田樹樟校長座車當救護車用的第一位學生，事因：在曉園摸魚，摸到了一條蛇~被咬傷了，緊急送醫台北軍醫院。晚餐前回到隊上，一切平安！

（謎底：校歌）

二、任職期間

（一）民國 64 年先總統蔣公崩逝，興棟兄奉調慈湖管理處，我在第一士官學校任音樂教官，民國 65 年學校軍官團到慈湖謁陵，興棟兄破例將陵寢接待室開啟，供校長，主任等各級長官休息之用，並特別強調~接待室是中將以上長官休息室（校長少將），謁陵時的禮兵，司儀，花圈……等，全由管理處提供，並安排依典禮程序進行；為此，校長，主任非常感謝，特別要我代為致謝。

（二）民國 67 年政治作戰研究班 36 期慈湖謁陵，有陳連堂，郭銘雄，王福財，曹允斌，吳哲嘉及我六位學員與興棟兄是同期同學，因研究班是團體行動，同學雖衹有片刻的相聚，但已充滿溫馨。

三、退伍歲月

（一）興棟兄民國 81 年退伍後，轉大溪鴻禧山莊總幹事一職，82 年我與銘雄兄陸總部任職時曾去拜訪，臨走時，興棟兄送每人一小袋雨花石及蘭花（住家門前榕樹上金黃色蘭花，就是當時送的）。

（二）退伍後同學相聚，雖是短暫片刻的歡樂，如今卻是滿滿的回憶與追思，都是令人懷念的珍貴相片。

（三）興棟兄，河南信陽人，家鄉話、四川話非常流利，但卻喜歡用台語交談，人熟不熟沒關係，逗你笑，才是他的目的，個人最感慨的是他的專情！據瞭解～婚後，夫妻恩愛，鶼鰈情深，對大嫂的暱稱，至死不渝，而且是台語發音“阮牽ㄟ”＝ 牽手。

（四）興棟兄：“過去你如我，未來我似你”這就是人生！

天國、天堂、極樂世界，祝你一路好走，復興崗革命感情～天上，人間～長相左右！

弟張嵩懿敬輓

追思林博同學

吳信義

追思
彼岸的守望，是此岸的感動；
千里的陪同，是心中的溫暖；

最深沈的愛，總是風雨同行；
最濃厚的情，總是冷暖與共。

今天（113 年 6 月 6 日）上午 08:30 參加林博同學的追思會，昨晚與漢國、國樑、劉剛四位台北同學，夜宿花蓮，喜見花蓮昭仁、重信及正秋夫婦，念記著一甲子的同學情，送君一程。

林博同學人緣好，一向是開朗樂觀加上幽默的個性，迎人總是笑口常開，留給大家很好印象。

雖知人生終場都是黃泉路，要虔誠祝福他，早日往生天國極樂世界。

柒、專 載

莫忘來時路 堅決捍衛中華民國的社團法人：中華民國團結自強協會

郭年昆

「立命圖治勤宵旰，繼絕哪怕冽嚴寒；青天白日赤心肝，不屈不撓挽狂瀾……」這是國內知名作家姜 捷女士為「中華民國團結自強協會」成立四十週年出版「專刊」所寫的詩句，明白彰顯本會成立的初心……！回首來時路，民國 68 年 1 月 1 日中美斷交，在國家外交遭受重大衝擊，國際是非不明，海內外群情激憤，國人一致表示要奮起團結自強，以具體行動支援政府救亡圖存。由當時文化學術界蔣彥士、閻振興、端木愷、吳三連；工商企業界王永慶、蔡萬春、辜振甫、林挺生；新聞傳播界王惕吾、余紀忠及宗教界領袖白聖、羅光等各界領袖數十人，發起組織「團結自強協會」，終於在民國 69 年 12 月 12 日成立。

本會會名「團結自強」四字，望文生義，清楚簡單明白，「團結」是在集眾力以因應非常，面對挑戰克服困難；「團結」是要有前提，需要大家有共信、共識，才能凝聚力量、攜手同行;「自強」則是一種自信、一種韌性、一種毅力的整體表現。換言之，堅強的意志發自團結，持恒的奮鬥源於自強!

「歷史，因前人辛勤耕墾與後人繼志承揚，變得偉大!」本會歷經44週年，在歷屆理事長領導下，始終秉持「推進全國各界團結自強活動，提振愛國精神」之宗旨與「增進政府民間互相瞭解、擴大團結海外僑胞、促進兩岸相互瞭解和交流、協助政府導正社會風氣及推行民主憲政建設」之任務，辦理的愛國愛鄉活動，不勝枚舉，例如：

1、舉辦總統府元旦升期典禮：國人不畏早起風寒，以參加總統府元旦升旗典禮為愛國的表徵，並蔚為風氣。各界參加升期典禮動輒數萬人甚至十萬餘人,成為年度盛事。回想民國70年元旦，本會印有國旗暨象徵「龍的傳人」的會徽16萬份,全數分發現場民眾並貼於胸前,展現愛國情操；也特別邀請國際知名女高音聲樂家任　蓉教授在總統府前領唱「中華民國國歌」以及「團結自強迎新年」(也是我們現在的「會歌」)等愛國歌曲，現場萬千民眾莫不隨著任教授天籟之音,劃破黑暗天際,齊聲唱出對國家的熱愛，至今仍留下深刻的美好回憶！惟政黨輪替後，元旦升期典禮，本會即不再參與主協辦了。

2、推動「梅花餐」運動：為響應政府鼓勵國人節約，杜絕奢侈浪費，發起「梅花餐運動」，由本會帶頭示範，五菜一湯，公私單位企業雷厲風行，進而規定喜慶宴客不得超過十桌，端正了當時奢靡的社會不良風氣。於此同時,本會也積極推動「爸爸回家吃晚餐」、「教孝月」、「好歌大家唱」等運動，對倡導社會善良風氣與傳揚中華倫理文化美德，確實發揮引領功效。

3、發起「一戶一國旗運動」：為提振國人愛國情操，鼓舞民心士氣，製作國旗分送各家戶，並配合國家慶典，懸掛門口顯明位置，一時旗海飄揚、景象壯觀，展現全國同胞愛國團結的精神。

4、發表「反貪腐白皮書」：為遏止官吏貪污腐敗、官商黑金勾結，組成專案小組，由法學專家前理事長翟宗泉先生執筆，撰寫「反貪腐白皮書」，呈送最高當局採取措施，以收振衰起敝功效。

5、辦理學術與文化講座：本會曾在台北圓山大飯店策辦「迎接21世紀全球華人團結自強論壇」，也前往武漢大學參與「辛亥90座談」；更聯合「國家政策研究基金會」、「中華孔孟學會」等單位合辦「蔣經國先生與臺灣民主發展研討會」……不同時期，所辦理的學術論談，斑斑可考，目的只有一個，就是藉由研討會及媒體聲量，撥亂反正，喚醒政府與民眾對先烈先賢感恩戴德，也為國家社會提供具體政策建言(如今政治人物鮮有提到「效法革命先烈，拋頭顱灑熱血……」等等緬懷感恩之詞，這種抹煞過往、不知感恩的德行，實在令人痛心、厭惡!)近年來，本會持續運用重要集會，安排學者專題演講，評論時事，如安排郭岱君女士針對「『蔣公日記』」解密後對國人的啟示」在本會理監事聯席會進行論談；運用本人出席本會「歐洲分會」及「歐華年會」宣講「中山先生思想與兩岸和平」、「中華民族偉大復興之正道」……對宣揚愛國精神，建立全民共識與促進兩岸和平，發揮潛移默化的功效。

6、用美善音樂，洗滌教化人心：本會於民國107年2月成立「團結自強合唱團」，在成團之前，就已經聯合友好的合唱團參與本會主辦的「紀念臺灣光復63週年愛國音樂會」、「看不見，你依舊存在——紀念經國先生百年誕辰音樂會」……更在慶祝建國100年時在國父紀念館前舉辦「千人大合唱」，一時群英彙集，盛況空前!目前本會合唱團平時多參與協會會員大會、自強活動暨慶祝會慶等表演活動；對於支援或參與「愛國旗、愛國家」、「社區服務、關懷弱勢」等音樂活動，也都能全力以赴，不落人後，如參加紀念經國先生「走過璀燦」音樂會、「紀念77抗戰音樂會」、「慶祝國慶」音樂會、黃埔建軍建校百年「關鍵年代寫真音樂會」……等各項表演，以傳唱喚起愛國愛家的胸懷，共同營造一個祥和快樂的社會。

綜上所述，簡單的介紹本會過往推展會務工作的一部份，其他如關懷社會弱勢、與友好社團聯誼、策辦藝文展陳活動以及各項會員服務照顧，如每季的慶生會旅遊、年度的自強活動、慰問傷病、頒發獎學金、敬老金等等，也在本會秘書處同仁精心策畫與推動下，一步一印的推展工作。特別值得一提的，本會有一群熱誠有活力的會員，時時參與志工服務，支援本會各重要或大型活動。年前，近40位志工會員接受本會團體會員「中華民國紅十字會」所主辦的CPR與AED急救訓練，經檢測合格授證後，讓志工服務更加精緻化。其次，本會的全體理監事也各自納編在各個「委員會」共同推動本會重大會務與活動！例如，辦理學術文化講座就由「學術文化交流委員會」策畫推動；又如本會籌募基金、置產孳息與財務處理事務上，則由「基金及財產管理委員會」依法研討資金有效運用，民國 107 年當時的召集人嚴長庚先生(現任副理事長)率金夢石秘書長、李念明委員，購進位於汐止「東方科學園區」的兩間商辦樓層，該委員會不但為本會節省百萬元的售價，更於成交之日起爭取到每年近 3 百餘萬元的租金收入，對挹注會務經費、增加年度收入、奠定永續經營基礎，真是居功偉厥！這也印證俗語說的一句話：「金錢不是萬能的，但是沒有錢卻是萬萬不能。」至於其他「精進會務工作」、「會員服務」、「社會關懷」及「中華書畫藝文」等委員會委員先進們，也莫不為了本會的榮譽與持恒發展，群策群力，無私奉獻！「展臂迎新機，莫忘來時路」！中華民國團結自強協會的精神是自強，而團結就是動力！本會成立迄今已邁向 44 個年頭，有團體會員 29 個、個人會員 700 人，面對國際環境多變，社會情勢錯綜複雜，今將一本初衷，結合各界友好團體，在「三民主義」的大纛下，共同依循「服膺中華民國憲法、支持政府依憲施政、促進族群融合，堅決反對台獨」之階段任務，殫精竭慮，惠愛人群，共同朝向一個目標前進，聯繫海外推動全民團結自強運動，並在一中憲法的前提下，建立自由、民主、法治人權的基礎，追求兩岸和平統一。為中華民國生存發展與永續經營，共同努力，齊赴事功。

談中華民國國慶日的由來

游昭仁

10 月 10 日是中華民國的國慶日，也稱雙十節。1911 年的今天，武昌起義響徹雲霄，引領中國各地革命的火花。1912 年元旦中華民國建立，從此 10 月 10 定為中華民國國慶日，元旦定為中華民國開國紀念日。

清宣統 3 年農曆 8 月 18 日（1911 年 10 月 9 日）革命地下組織，共進會會長孫武，在漢口俄租界祕密據點配製炸彈，不慎引爆，驚動俄國巡補，革命黨人名冊及起義旗幟、文告被搜，湖廣總督獲俄通報，立即進行腥風血雨的肅殺掃蕩。

10 月 10 日清晨革命志士彭楚藩、劉復基、楊洪勝三人被捕，遭酷刑逼供堅持不招，被當眾斬首，人頭高懸於城門示眾，激起革命黨人的悲憤。當晚，新軍工程第 8 營的革命志士首先發難，開了武昌起義的第一槍，新軍中有 4 千多名革命志士立刻響應，揭開了辛亥革命武昌首義的序幕。

其後短短數十日，革命志士與清廷軍統馮國璋所率的北洋軍，在陽夏展開不對稱的殊死戰，拖住清軍主力，爭取到各省群起響應的契機，不到 4 個月，終於推翻腐敗的滿清政府，建立了亞洲第一個民主共和國 「中華民國」。

為了紀念這偉大的日子，將武昌起義的發難日，訂為中華民國的國慶日，似乎理所當然，但這段訂定的歷程，卻也曲曲折折，峰迴路轉。

1912 年 7 月，中華民國臨時大總統袁世凱，提案擬定的 3 個國慶候選日期為：

一、南北議和協定日 1911 年 12 月 18 日。

二、清廷下詔遜位日 1912 年 2 月 12 日。

三、袁世凱就任臨時大總統日 1912 年 3 月 10 日。

1912 年 7 月，在「徵集全國教育家於北京」的全國臨時教育會議上，湖北代表李廉方當場對上述三提案，提出異議，而另提「以武昌首義日為國慶日案」，當時與會代表有些不盡同情革命，頗多附和北洋政府。由於李廉方本人就是武昌起義的革命志士，他引經據典：歷述法國和美國都是以革命之首義日為國慶，來彰顯開國惟艱、志士犯難之情操。他的慷慨陳詞，讓與會代表深受感動，態度為之丕變，表決時，四分之三舉手通過武昌首義日為國慶日。同年 9 月，武昌起義的將士再赴北京請願，國民黨元老吳稚暉更在《民立報》撰文聲援，國慶日應訂在武昌首義日(陽曆 10 月 10 日)，並命名為「雙十節」，使國人便於記憶，更強化聲勢與支持，終於在民國元年 9 月 24 日經參議院通過，將武昌首義日訂為中華民國國慶日。這就是雙十節的由來。

武昌起義距離今天已經 112 年了，雖然感覺有一點遙遠，但它所揭櫫的「反貪腐、救國家」的精神，到現在仍然是歷久彌新的普世價值。 現今執政的民進黨政府，執政無能、顢頇貪腐的程度，較之滿清末年，有過之而無不及。民主時代是以選票代替拳頭。我們自然是不必效法革命先烈拋頭顱、灑熱血去革命，但我們應該要效法革命先烈救國救民的偉大情操，以積極的行動，連絡失聯黨員、吸收新黨員，喚起民眾，用選票拉下貪腐的民進黨執政團隊，讓中國國民黨重返執政、造福人群。

「讓中國國民黨重返執政、造福人群。」才是我們慶祝國慶，最重要的意義和目的。

青山依舊在　古道照顏色

為感念 14 期同學入伍 60 周年而作

王漢國

少年歲月，至今記憶猶新；青春旋律，讓人回味無窮。

民國五十三年的九月間，一群來自四方八面的年輕小伙子，在北投復興崗集結。當號角聲響起時，那青澀徬徨的眼神，慌張迷離的腳步，忐忑不安的心情，無一不流露在每一個人的身上。

那年，新生入伍生營是由三個男生連，外加一個女生排編成的，共有 310 名夥伴入列。而我則被編入了第一連第三排第七班，連長為謝天衢少校；三位少尉排長依序為余育培、丁振東和陳志慈，第七班班長為剛任初官不久的平振剛少尉。

復興崗校區，幅員廣闊，景色怡人。在西北角鄰近新聞館和影劇館處，有三座用鐵皮包覆的木造蒙古包，櫛次鱗比，較為罕見。一說是日據時代的馬廄。蒙古包的前方為連集合場，也是我們早晚點名、聽訓或受責罰之處。一個連使用一座蒙古包（女生則進駐木蘭村），因其內部空間狹長，人數眾多，僅前後門相通，中間為人行通道，左右兩側設置雙層大通鋪，顯得格外壅擠，自無任何個人隱私可言。

黎明破曉，旭陽初升，我們早已整隊完畢，在等候和恭聆長官的訓話。當營長朱壽鴻中校蒞臨時，但見他的目光犀利，炯炯有神，中等身材，步履穩健，巡視群生，好不威儀。

營長的開場白倒是鏗鏘有力、令人難忘。他是這麼說的：「歡迎各位同學加入復興崗的大家庭，開始接受為期三個半月的入伍訓練。入伍訓練是由文學生轉型為革命軍人的重要基礎，從體能的磨練到心志的焠鍊，從生活的改變到信心的建立。凡是能夠完成訓練課目的同學，都將成為未來國家的『勇士』，營長在此預祝各位的成功。」

我們在復興崗上就此展開了「百日足跡」的入伍生活，其中有年少的輕狂，有任性的執拗，有夜半的思親，也有不如歸去的念頭，如人飲水，點滴在心。當然，還有許多忘不了的精彩故事，口耳相傳，至今仍覺有滋有味。

嚴格說來，入伍生的日子，既單調又刻板，既緊張又刺激。從單兵動作到班排教練，從認識武器到實彈射擊，從超越障礙到野外求生，從早忙到晚，難得片刻休憩。似乎凡事都要分秒必爭，錙銖必較，對於「合理是訓練，不合理是磨練」這句口頭禪，早已爛熟於心，卻不容絲毫爭辯。

在單調刻板的入伍生活中，音樂課算是最受歡迎的。蔡伯武教官慈眉善目，和藹可親，教學認真，他教我們唱校歌、學軍歌，一遍又一遍，不厭其詳。團康活動，原則上由各連級單位自行規畫實施，等期末時再統一由營部評比驗收。相互競爭，有競爭才有進步。

此外，我還記得有幾門重要的政治課程，必須認真學習，如「國父遺教」、「總統訓詞」、「國際現勢」、「大陸匪情」、「革命政工」……等等。授課教官皆為一時之選。口條好、風度佳，教學互動也相當不錯。

至於戶外課程，除基本教練和五百公尺超越障礙外，實彈射擊、現地戰術及野外求生訓練等，既是練膽也是練技，對於準軍校生來說，自是格外重要。

當年，實彈射擊場地在北投的小坪頂靶場，每次打靶，我們都要列隊唱軍歌從貴子坑溪入山，然後再沿著蜿蜒曲折的山路，拾級而上。登山時，身旁的夥伴們，各個靜默不語，顯得有些心事重重，不知是擔心還是害怕？

而野外求生的挑戰性更大。要想在野地裡存活，各項求生技能必不可少，如攀岩、結繩、防毒、偽裝、隱蔽、地圖判讀、地形地物……等等，不一而足。求生，靠著個人意志和團隊默契，兩者缺一不可。話雖如此，可當時心裡始終惦記著：「我一定要活下去」！

清龔自珍在《己亥雜詩》有云：「落紅不是無情物，化作春泥更護花。」如今細思，真是寓意深長，發人深省！因為它意味著一種奉獻式的人生理想。

其實，在我們新生轉型的「百日足跡」裡，不都是靠著園丁們的悉心培育和呵護才能成長壯大？如填土施肥、培元固本，修枝剪葉、端正姿態等等，這些都是在幫助我們除舊佈新、一展新貌。並真正體認到「團隊重於個人」、「吃苦就是吃補」，和「堅持就是勝利」的道理。相信，這就是我們最珍貴而又難忘的青春印記。

賀喜前會長洪陸訓新書出版

會長吳信義推薦

茲將新書，洪陸訓著《美國文武關係理論》序言發表如下：

本書是我預定撰寫「美國文武關係的理論和實際」專書計畫中，有關理論的部分。由於理論部分是理解和解釋美國文武關係實際運作的基礎和關鍵，也是觀察其他民主或民主化轉型國家中的政軍關係可供借鑑的途徑；加以既有相關文獻繁多，自1930年代迄今，諸多理論探索層出不窮，因此，考慮先將理論部分單獨出版，藉以掌握其理論發展的脈絡。

本人之所以選擇美國文武關係的理論為研究主題，有幾個理由：美國為最具代表性的民主國家之一，其文人統制歷史傳統是其維持政體穩定與安全發展的核心機制，值得探討；美國意圖將其民主價值向發展中國家「輸出」，對致力於民主化或民主鞏固的政體，是否適宜或可供借鑑；國軍在台海安全與民主轉型(軍隊國家化)過程中扮演的角色，軍方本身如何自我調適；以及筆者個人兩次留學美國八年的學習心得與出生金門戰地和服務軍旅的經歷背景，對台美文武關係議題特別關注。各國文化因素差異性大，美國文人領軍模式如何借鏡？這些都是筆者長期思考的問題。此外，本人長期從事對不同類型政體的武裝力量與政治、社會關係的探討，發現此一領域的研究範圍和主題不斷擴展，已成社會科學的兩個次領域—「軍事社會學」和「軍事政治學」。前者已為歐美社會學與文武關係學者確認，後者為筆者一向所倡導，以政治學為取向的一門次學科。這門學科雖然已為海峽兩岸部分軍事院校學者和少數民間大學院所系接受，但是還未被學術界普遍認知，本書之出版，將有助於充實此一新領域的理論內涵，並增加讀者對此一領域的認識。

本書是針對有關美國文武關係的重要理論的文獻分析，而非對其文武關係實際運作的論述。實際現象的觀察和分析是理論建構的基礎，也是檢證理論效用(解釋、預測)的依據。因此，在篇幅受限情況之下，未對美國文武關係從事相關的實際事件的探討，對於讀者來說，從文獻所獲得的理論的理解，難免不盡清楚完整，這是本書可能受到的侷限之處。不過，研究文獻在有關各種理論、模型的建構，案例或事件的舉證論述中，或多或少對於實際演變過程，一般都會加以描述分析，或引用既有研究結論和發現作為佐證，仍然有助於減少此一缺陷。

本書部分內容是由筆者已發表的著作修改和補充而成。第二章的克勞塞維茨《戰爭論》政軍思想的分析與詮釋主要論點，來自發表於 2015 年《中華戰略學刊》的〈克勞塞維茨的文武關係理論〉一文的修改補充。第四章關於杭廷頓《軍人與國家》，以及第五章關於簡若維茲《專業軍人》的文武關係典範論著理論內容，則是「五南出版社」2016 年再版的《軍事政治學》第三章「民主國家的文武關係理論」，以及 1999 年由「麥田」出版的《武裝力量與社會》第五章「軍事專業主義」部分內容抽出，加以修改補充。在此，筆者特別感謝接受刊載出版的《中華戰略學刊》與「五南」、「麥田」出版社的同意轉用。全書結構，除了緒論與結論，其主文內容，第一章是文獻評述，對於既有與美國文武關係理論相關的，較為重要的文獻，依其發表先後加以簡要綜述，提供讀者對美國文武關係理論文獻有一較為完整的瞭解。第二至七章，置重點於探討分析幾種最具有代表性的美國文武關係理論。其中包括克勞塞維茨(Carlvon, Clausewitz)《戰爭論》(On War)、拉斯威爾(Harold D. Lasswell)〈衛戍國家〉("TheGarrison-State")、杭廷頓(Samuel P.Huntington)《軍人與國家》(The Soldier and the State: The Theory and Politics of ivil-MilitaryRelations)、簡若維茲(Morries Janowitz)《專業軍人》(The ProfessionalSoldier: A Social and Political Portrait)、費弗(Peter D. Feaver)《武裝僕人》(Armed Servants: Agency, Oversight, and ivil-military Relations)、西芙(Rebecca L. Schiff)《軍隊與國內政治-文武關係調和理論》(The Military andDomestic Politics: A Concordance Theory of Civil-Military Relations)等，各具代表性專著的創新理論，以及薩奇先(Sam C. Sarkesian)、艾德(MartinEdmonds)、布蘭(Douglas L. Bland)、赫斯普林(DaleR.Herspring)、布魯克斯(Risa Brooks)等部份重要學者針對美國文武關係提出的綜合性理論。這些理論論述對象多以美國為主，及少數包括美國在內多國案例，對有關美國文武關係的探討，有助於提供讀者對美國文武關係理論與實際的理解。此外，附錄一，有關發展中國家的文武關係，並非本書探討美國文武關係理論直接相關的議題，但因此一議題間接有助於理解包括杭廷頓在內的美國學者，何以認為文人統制值得、甚至必須向發展中國家(包括蘇聯瓦解後東歐政治轉型國家)「輸出」的制度化政策；同時，也有助於間接瞭解杭廷頓有關文武關係理論的全貌。故筆者不避繁贅而增加這一附錄。附錄二，是有關簡若維茲的社會組織、社會統制和社會重建論點，是從社會學角度，對於武裝力量與社會關係，亦即廣義的文武關係面向所作的詮釋，同樣有助於對簡若維茲文武關係理論較完整的理解。

筆者年過八十，已屆耄耋之年而不辭筆耕，是想秉持積極正向的人生觀，期望在有限領域的知識探索中，略盡一份學習心力，對知識傳播有所奉獻，以求不枉走過「塵土雲月」生涯。本書的出爐，就是基於這種心態，透過引介美國民主政治的文武關係理論，提供國內有興趣學者與政軍領導精英參考。

這份耕耘收穫並不全歸本身的努力，在我從事研究著述、教學相長與學術研討過程中，還受惠於與學界朋友間對話、課堂師生間腦力激盪、師長鼓勵與行政單位支援，以及在資料蒐整、編譯、合著方面，政研所博士班學生的相助。對於他們，我都銘記在心，永存感激。最後，也是最重要的，要感謝我內人伊玉珍的全力支持。沒有她生活上的照顧，對我疏於協助家務的體諒，恐難集中心力從事寫作。此外，沒有她的嘮叨催促，這本書可能還會一再拖延。

附錄、政戰 14 期第 11 屆同學會聯誼活動會訊

一、政戰 14 期同學畢業 56 週年聯誼會籌備組編組表

組　別	分工事項	負責人
總召集人		吳信義
總協調人		張宗鑑、劉建鷗、江潤滋
聯絡組	協調、聯絡、召集	黎　興、邱麗霞、江鴻洲、各班系聯絡人
議事組	召開聯誼會之通告發送、會議資料整理、記錄、計時、記票	樊長松、張宗鑑、王蜀禧、萬榕榕
財務組	大會各項經費編列支用	蕭錦宗
總務組	同學會訊編印及分發、出席人員名牌及桌次編排、餐會總協調安排、大會場地佈置、餘興節目主持安排、住宿人員調查及安排	樊長松、劉建鷗、江潤滋、張宗鑑、陳嘉峻、吳哲嘉

接待組	貴賓邀請接待及同學報到接待	劉建鷗、萬榕榕、吳哲嘉、左其正、江鴻洲、董樹雲、張嵩懿、陳嘉峻、張宗鑑、陳文燦、張復興
公關組	大會照相	王蜀禧

二、復興崗14期同學會第11屆服務團隊名錄

職　稱	姓　名	職　　掌
會　長	吳信義	受同學會付託,負責綜理全會事宜
副會長	黎　興	首席代理會長；協助會長處理會務；北部同學服務、慰問
副會長	邱麗霞	協助會長處理會務；北部同學服務、慰問
副會長（兼中部聯絡）	江鴻洲	中部地區同學連絡、服務、慰問及活動等事宜
秘書長	樊長松	同學會事務總策劃、執行、協調等事宜
財務長	蕭錦宗	同學會帳務管理等事宜
資訊長	張宗鑑	網路部落格與Line群組等事宜
活動組長（兼攝影長）	王蜀禧	各項活動攝影、拍照、文宣等事宜
總連絡長（兼北部聯絡）	江潤滋	協助辦理聯誼會活動等事宜；北部地區連絡
連絡人（兼南部聯絡）	謝世經	協助辦理聯誼會活動等事宜

連絡人（兼花東聯絡）	劉重信	花東地區同學聯絡、服務等事宜。
校友會代表	劉建鷗	復興崗校友會代表；同學會公關顧問
政一連絡人	萬榕榕	轉達同學會訊息；提供所屬班、系同學聯繫與互動訊息等事宜
政二連絡人	吳哲嘉	同上
政三連絡人	吳恆宇	同上
政四連絡人	左其正	同上
法律系連絡人	張復興	同上
新聞系連絡人	董樹雲	同上
藝術系連絡人	陳嘉峻	同上
音樂系連絡人	張嵩懿	同上
影劇系連絡人	黎　興	同上
體育系連絡人	陳文燦	同上

三、復興崗 14 期同學會歷屆會長名錄

屆別	姓名	任期
第一屆	王漢國	87(畢業 30 週年)～93
第二屆	黃錦璋	93～95
第三屆	傅桃華	95～97
第四屆	黃光勳	97～99
第五屆	黃南東	99～101
第六屆	趙華淼	101～103

第七屆	蔡勝隆（歿）	103～105
第八屆	高祖懷	105～107
第九屆	洪陸訓	107～109
第十屆	游昭仁	109～111
第十一屆	吳信義	111～113

四、113 年春節團拜同學摸彩及贊助捐款

新春團拜摸彩活動贊助捐款同學暨金額一覽表

捐款同學芳名	金額	小計	合計
會長 吳信義	10000.	10000.	10000.
邱麗霞 江鳴洲 蔡興 楊平耕	5000.	20000.	30000.
洪陸訓 黃錦煒	4000.	8000.	38000.
樊長松	3000.	3000.	41000.
張高懿	6600.	6600.	47600.
游昭仁 [illegible] 高祖懷 [illegible]	2000.	46000.	93600.
[illegible]	1000.	8000.	101600.
同學會費提撥	10000.	10000.	111600.

後續捐款公布

張高懿 捐同學會 10000. [illegible] 1000. [illegible] 2000. [illegible] 1000.

五、近兩年往生同學名單

政　一：潘慶權、林　博

政　二：丘湘昌

政　三：丁建中、羅勝雄

音樂系：楊興棟

體育系：王勇敢、江武男、馬錫珩

法律系：陳平如、狄渝星

跋

今年九月將召開 14 期畢業 56 週年暨入伍一甲子同學會，即將卸任會長，自費編印《浮生歲月：老驥伏櫪　話 11 屆同學會服務團隊記實》贈送與會人手一冊，承蒙金龍頌好友尹虹湄女士主動資注壹萬元助印書款，致上感謝。

編撰整理兩年來照片，留下任內活動記實，當然也蒐集活動文稿留下記錄。除了邀請服務團隊幹部率先為文，也請教授班連絡人負責邀稿，平時留意同學在臉書上的文章，前後蒐集存於隨身碟，一本文圖並茂「浮生歲月」即可完成。記實最多是參加中央軍事院校暨校友會各項活動，加上每月兩次同學的歡唱；文稿、照片由蜀禧活動組長提供，文稿編輯由長松秘書長費心，特別感謝。

短短一個月內，我們共同完成彙編，文史哲彭社長暨雅雲女士應允配合整理出版，特別感謝。

會長吳信義 2024.07.31